地域 演劇教育論

ラボ教育センターのテーマ活動

福田三津夫

晩成書房

まえがき

ラボ教育センター（ラボ）という魅力的な教育組織に出合ったのは一九九八年の夏のことだった。

その年、アジアで初めて、フレネ教育者国際会議（第二十二回）が埼玉県飯能市にある私立自由の森学園を主会場にして十日間にわたって開かれた。世界中から教師約一七〇人、日本側のスタッフと参加者含めて約一七〇人が集い、「学びの地平を拓こう」をメイン・テーマにした自主的自立的な教育研究集会になった。

私が参加したアトリエ（分科会）は「日本の昔話を身体表現で楽しむ劇活動による外国語習得」だった。ここでは主に外国からの教師を中心に日本昔話「おむすびころころ」を劇的に遊んで言語獲得を目差していた。その中心の指導者が、ラボから派遣された二人のラボ・テューターだった。（詳細は拙著『実践的演劇教育論』「演劇教育の広がり」）

この集会の報告を「演劇と教育」に掲載した記事が、当時のラボの会長・松本輝夫さんの目にとまり、ラボ機関誌でのインタビューに応じたり、関西地区の講演を頼まれたりすることになった。

その数年後、フレネ教育者国際会議の実行委員長だった村田栄一さんの出版記念会で松本さんと再会し、ラボ付属の言語教育総合研究所（言語総研）主催の竹内敏晴講演会に誘われた。

それ以来連続して言語総研に出席し、ほどなく正式な所員に迎え入れられることになった。

言語総研での研究活動を始めてからほぼ十年が経過した。この間、全国各地で私が講師に招かれての「ことばと心の受け渡し」ワークショップと、四箇所のラボ・パーティ訪問、各地区のテーマ活動（ラボの独特の劇的表現活動）の発表会を見学することができた。

こうした研究活動を通して、ラボの活動が「優れた地域での演劇教育の典型」であることを確信するに至った。ラボ・テューターやラボっ子はラボ・パーティという空間や、その中心的活動であるテーマ活動のすべてに、私の提起する「ことばと心の受け渡し」を充満させ、他者とシンクロする「からだ」を兼ね備えていたのである。ここでは、子どもの生理や論理を優先させ、まさに「学びの地平」が拓かれつつあった。

私の師匠の一人、故・村田栄一さんが『ことばが子どもの未来をひらく』（筑摩書房、一九九七年）を出版している。これはラボ各支部での彼の講演記録を中心に構成されていて、ラボの活動を正面から紹介した貴重な一冊になっているが、この本以外には、外部からラボの活動を紹介した類書が見つからないのをかねがね残念に思っていた。そこで力不足を顧みず、独創的で魅力にあふれたテーマ活動の一端でも紹介できたらという思いで出版を思い立った。言語総研在籍十年で何が見えてきたのか、途中経過報告としてまとめてみることにしたのが第1章である。これらは学校教師の視点でのテーマ活動論であるので、ラボ関係者には当然異論があることを承知で報告させていただいた。大いに批判検討を加えていただきたいところだ。

そうしたなかで、巻頭言として、言語総研でお世話になった松本輝夫さんと矢部顕さんに、ラボの基礎を築いた谷川雁、鶴見俊輔、竹内敏晴、村田栄一との出会いと果たした役割について貴重な「証言」をいただいたことは望外の幸せである。

第2章では、「新・実践的演劇教育論」として、前著『実践的演劇教育論』で触れられなかった演劇教育の原点やその周辺のことについてまとめてみた。学校内外を問わず、演劇教育の根っことは何かを探ってみることになった。

本書が、地域での演劇教育の実践と理論を考える一助になることを期待している。

二〇一八年五月

福田三津夫

*ラボ・パーティ…『ことばが子どもの未来をつくる』を合言葉に、一九六六年に誕生したラボ・パーティでは、いま全国各地の二〇〇〇のパーティ、五〇〇〇か所の会場で幼児から大学生までの会員五万名が、テーマ活動を中心とした総合的な教育プログラムで、子どもたちのことばとこころを育んでいる。」

*ラボ・テューター…「子どもたちの英語を中心とする言語体験活動・表現活動の場『ラボ・パーティ』を主宰し運営する先生役の女性。子どもたちの自主性、内発性を尊重しながら状況と必要に応じて助言や示唆、激励を行い、ともに活動している。」

*テーマ活動…「家庭でラボ物語ライブラリーを聴いている子どもたちは、週一回ラボ・テューターのもとに集まり、グループ活動に参加する。子どもたちは、物語のテーマを話し合い、イメージを広げ、その世界をことばと身体で表現していく。その活動を、ラボではテーマ活動と呼んでいる。」

（『大人になったピーター・パン』門脇厚司・田島信元、アートデイズ、二〇〇六年）

福田三津夫さんの新著に寄せて——村田栄一、谷川雁がラボに果たした役割

松本輝夫（元・ラボ教育センター会長／谷川雁研究会代表）

福田三津夫さんによれば本書を誰よりも先に読んでほしかったのは故・村田栄一とのこと。福田さんが故・竹内敏晴に並ぶ師匠格と敬服してきたという村田栄一だが、その村田がラボと関わりをもち始めたのは一九八〇年十二月であった。

当時のラボといえば諸事情から組織全体が一年半余におよぶ大混乱に陥っていたところ新経営体制を同年九月確立させ、事態克服の第一歩を漸く踏み出した頃合い。そんな状況において、はじめは筆者もまだ籍をおいていたテック（＝ラボ）労組が教育問題をテーマにすえた研究会を開催した際彼に声をかけて話を聴き、親しく交流したのである。『学級通信・ガリバー』等の著作からうかがえる「子ども共和国」的発想や「共育」的教師像、生徒たちとの真情溢れる交信ぶりが新鮮であり刺激的でもあった。

以後筆者もラボの現場や本部で重責を担う立場になるにつれて村田さんとは個人的にもよく付き合うようになり、当時西新宿にあった村田さん行きつけの小さな飲み屋「鬼の棲家」等で杯を交わしては談論を重ねる仲となっていった。併せて仕事としては事務局幹部スタッフの連続学習会講師役、全国各地での数多の講演、ラボ創立二十五周年記念教育シンポジウムのコーディネーター役等を依頼して、ラボ教育活動に深入りしていただくことになった。

その村田のラボへの共感と関心の根にあり続けたのが「ことばの表層にとらわれることなく、こどもの感受性を信頼してことば以前の肉体的・情念的世界に着目し、そこを基盤に展開されてきたという点でまことにユニークな

実績を重ねております」（ラボ二十五周年シンポの記録『ことばの野性をもとめて』あとがき。筑摩書房一九九二年六月刊）というラボならではのテーマ活動（異年齢の子どもたちが全身全霊・共同で織りなす物語の再表現活動）への熱い着目と高評価であった。ここに村田流で言えば「教育戯術」の類稀なる具体的結晶を認めていたのであろう。「ことばの表層」にとらわれた教育技術などクソくらえ！というふうに。「たしかに〈英語〉はやっているのだが、それが、学校の成績なんて最初から眼中におくことなく、独自の方法で、違うことを目指しているのだということがだんだん分かってきて興味をひかれるようになった」（村田栄一のラボでの講演記録をまとめた『ことばが子どもの未来をひらく』あとがきにかえて。筑摩書房一九九七年十月刊）というのも同一関心の別な表現だ。

村田栄一は小学校教師を二十二年続ける中で、「どの子も百点をとる権利がある」との信念をベースに闊達自在な教育戯術を駆使しつつ子どもたちの「授業からの解放」をめざしてきたのだが、ラボとの出会いを通して「学校の〈学力〉とはすっぱり切れたところで子どもに自信と野心と行動力をとり戻そうと試みるラボ・パーティ」（同右）のありように心底から共振していったのである。

そして、村田のラボへの関心の発端が、谷川雁が草創期に深く主導的に関わった教育事業体であったことはいうまでもない。六〇年安保闘争時「ぼくも教師でありながら全学連の学生たちと一緒に国会の前にバリケードとして並べられた機動隊の装甲車を乗り超えたひとりとして」（同あとがき）当時の谷川雁の鮮やかな活躍ぶりと起爆力にみちた言動は胸に焼きついていたのであり、その分一九六五年以降雁がいわゆる商業メディアでの執筆を一切やめてテック（＝ラボ）なる正体不明（？）の語学事業の専務になって「沈黙」したとかいう風説はそれなりに気にかかっていたからである。筆者との酒場での話題がどうしてもそこらに赴くのはいたしかたないことでもあった。

で、その谷川雁だが、村田とラボが出会った一九八〇年十二月といえば、雁が経営・組織混乱の責任をとるかたちで内心は泣く泣くラボをやめざるをえなくなって、その三か月前（九月）正式退社したばかりという時期なのである。いわば雁と入れ違いに村田はラボに関わり始めたわけだが、村田が必然的に共鳴の度合いを深めていったラボ教育活動の大志や理念、内実の礎は全て谷川雁がラボ・テューターや子どもたちから鋭く謙虚かつ貪欲に学び、共同しながら築き上げていったものに他ならない。雁はラボにおいて「ことばと心の受け渡し」の極め付き名人だったのである。

もっとも谷川雁はラボに入社する直前まで（一九六五年九月）筑豊の一角に住み着いて闘い抜いた大正炭鉱闘争においても大正行動隊等に結集した炭鉱労働者仲間との「ことばと心の受け渡し」の達人だった（であればこそ三池炭鉱大争議の労働者側敗北をはるかに超える奇跡的な争議終結をかちとることができた）のだから、これは雁ならではの本能であり、「共育」者的天分なのにちがいない。雁はいつでも何処でも現場と密に交わることができる「参観」力（＝そこに参入して内在的に観じながら共同していく力）の豊穣な持ち主であったと言ってもいい。

福田さんの新著のラボに関わる論述全体を通して顕著にうかがえるのも現場の参観力が並外れているからこそ読んで面白いし、感服せざるをえないということに尽きます。

福田三津夫さんとの運命的な出会い——竹内敏晴、鶴見俊輔にふれて

矢部　顕（元・ラボ言語教育総合研究所事務局長）

二〇〇六年秋、設立して間もない当時のラボ言語教育総合研究所の研究員として、福田三津夫さんを迎えることができたのはたいへん幸運でした。福田さんが生涯をかけてきた表現教育の分野の専門家が研究所に欠けていたからです。ラボ教育活動の核であるテーマ活動を研究するには言語学者や英語学者だけでは無理なことをわたくしどもは認識していたからでした。しかも、竹内敏晴さんを師として仰いできた経歴を知って、幸運というだけでなく運命的なものを感じたものです。

ラボの指導者ラボ・テューターは竹内敏晴さんからたいへん大きな影響を受けてきました。一九七九年から、亡くなられる二年前の二〇〇七年までの長きにわたって、ラボの全国各地で竹内さんのワークショップである「竹内レッスン」を受講する機会に恵まれました。ラボが草創期に、試行錯誤の末に子どもたちの活動を通して探りあてた大きな言語的な課題「ことばとこころとからだ」の三位一体、この実現こそが真の意味でのことばの教育であるということを、大人であるテューターに「竹内レッスン」は目の覚めるような実感をともなって理解させてくれたのでした。

思い起こせば、竹内さんの名著『ことばが劈かれるとき』を読んで、その内容がきわめてテーマ活動の身体表現の根源に通じることを直観したわたくしは、氏にお手紙を書き、ご自宅を訪ねてラボ・テューターへの講演をお願いしたことが始まりでした。それ以降、全国のラボ・テューターの研修にかかわっていただくようになったのです。

その時にお聞きしたことですが、ラボ設立時に「ぶどうの会」からは定村忠士さんが参画したのですが、「竹内が行くか、定村くんが行くか」という話があったことを知り、これまた運命的なものを感じたのでした。

そしてまた時代を経て、先に述べたように竹内さんの薫陶をうけた福田さんを研究所の研究員に迎えることになるとは思いもよらぬ喜びでした。ラボ教育活動の現場であるラボ・パーティを研究するための訪問の最初をわたくしはご一緒しましたが、この本ではその後の展開が記述されています。長年にわたって子どもとかかわってきた教師の体験と、学校演劇教育運動を推し進めてこられた蓄積による見識が、ラボ・パーティの指導者と子どもたちに向けてのあたたかい眼差しとともに執筆されていることがよくわかります。

竹内さんが全国のラボの指導者に対して行ってきたと同じく、福田さんもまた各地でワークショップ「ことばと心の受け渡し」を実行し、それはすでに十数回も回を重ねてきています。

福田さんは、ラボ・パーティの教育現場で見届けたテーマ活動について、鶴見俊輔さんのことばをかりて「限界芸術」と名づけています。鶴見さんは、ラボの礎を築いた谷川雁の盟友として初期からラボにかかわっていた方です。講演は草創期だけでなく、わたくしの時代にも何回もお願いしていますし、彼が書いた伝記「中浜万次郎」は一九八〇年からお亡くなりになった以降も、今日まで、ラボ国際交流に参加する子どもたちに読み継がれています。また、息子さんが幼いころラボ・パーティに参加していたほどラボとかかわりの深い鶴見さんです。その鶴見さんの「限界芸術論」をラボのテーマ活動とむすび論じたのは福田さんが初めてのことで、この本にも書かれていますが、その論には新鮮な発見があります。

ラボ教育活動はすでに五十年余の実績をもつに至りましたが、外部からみた論考はそんなに多くあるわけではありません。ラボ現場への取材・研究のうえに執筆されたこの本で、ラボ教育活動の豊穣な教育的価値を高く評価していただきました。この本は、もっとひろく、子どものことばの教育や表現教育にかかわる人々に、大きな示唆と激励を与えるだろうことを確信いたします。

地域演劇教育論―ラボ教育センターのテーマ活動■福田三津夫■目次

〔目次〕

第1章

地域の演劇教育――ラボの場合

ラボ・ワークショップ全国行脚

I すべてはラボ教育センター本部から始まった

村田栄一さんの『石も夢見るスペインロマネスク』（社会評論社）出版記念会に参加した時、そこで当時ラボ教育センターの会長だった松本輝夫さんに再会した。その時彼から、ラボの言語教育総合研究所（言語総研、第二回）での竹内敏晴さんの話を聴きに来ないかという誘いを受けた。村田さんと並んで竹内さんは私の師匠的存在で、願ってもないことだった。しかも、それは聞き手が数人の実に贅沢な講演会だった。（二〇〇七年、講演記録「子どものことばとからだ」、「ラボ・パーティ研究」二〇号所収）

その後も誘われて、この言語総研に継続して出席するようになり、しばらくして正式の所員として迎入れられることになった。

第一期の研究会は鈴木孝夫さんと門脇厚司さんが共同代表だった。ラボの活動総体が子どもの社会力と英語力を養うことを目的としていたが、主にそこでは社会力に研究の中心が置かれた。社会力とはまさに社会をつくりだす力ということで、人と人をつなぐコミュニケーション力が核となると言ってもいいだろう。門脇さんの造語である。

第二・三期は鈴木さんが代表から退かれ、英語力の研究にシフトしていった。ラボ流の英語における読み書き能力はどう培うことができるのか、ということがテーマであった。小学校や大学で演劇教育の実践を深め、その理論構築を目指していた私には、手が届かない主題設定であった。

私が言語総研における「居場所」を模索している時、事務局の木原竜平さんから私にワークショップ講師の提案があった。ことば遊び・朗読・群読・朗読劇・劇づくりなどを通して「ことばと心の受け渡し」というテーマに迫るというものだった。これはいわばコミュニケーション教育と言い換えても間違いではないだろう。そのことは私が、校内研究や児童文化部、組合の教研集会、演劇教育の仲間達などにワークショップで展開してきたことだった。ただ、その内容が地域での「英語教室」のラボに通用するのか、一抹の不安を拭いきれなかった。

ラボ本部での事務局メンバー、首都圏のテューターなど三十名ほどを対象にした初めてのワークショップは、それらの迷いや雑念を見事に吹き飛ばしてくれた。参加者は予想以上に好意的に迎えてくれた。どうやら、学校でも地域でも、演劇教育の基本的なテーマは変わらないということだ。そう確信した瞬間だった。

その後、ほぼ二年間で十四回、全国のラボ支部でワークショップをやらせていただいた。

［２０１２年］

４月21日　ラボ言語教育総合研究所公開講座（ラボ教育センター、新宿）
「表現教育ワークショップ―ことばと心の受け渡し」

10月７日　ラボ千葉支部中高大生合宿ワークショップ（佐倉）
「ロミオとジュリエット」

10月28日　ラボ言語教育総合研究所公開講座（ラボ教育センター関西総局、大阪）

【2013年】

1月19日　ラボ神奈川支部テューター・ワークショップ（御殿場）
9月9日　ラボ東北支部テューター・ワークショップ（郡山）
9月10日　ラボ東北支部テューター・ワークショップ（盛岡）
9月18日　ラボ北関東信越支部テューター・スクール（大宮ラボセンター）
「プロメテウスの火」
10月5日　ラボ神奈川支部高大生ワークショップ（川崎）
10月19日　ラボ九州支部テューター・ワークショップ（宗像）
10月20日　ラボ中国支部テューター・ワークショップ（広島）
12月9日　ラボ中部支部テューター・ワークショップ（名古屋）

【2014年】

4月12日　ラボ広島西地区小中高生ワークショップ（広島）
4月26日　ラボ浜松地区中高生ワークショップ（浜松）
7月21日　ラボ中部名東地区ワークショップ（長久手）
「親子演劇教育ワークショップ―ことばと心の受け渡し」

そのテーマはいずれも「表現教育ワークショップ―ことばと心の受け渡し」である。具体的な内容は次の①と②になる。

①ことば遊び・朗読・群読・朗読劇・劇づくりなどを通して「ことばと心の受け渡し」の意味を知る。

②「ロミオとジュリエット」や「プロメテウスの火」などのラボ・ライブラリーを使いながら、「ことばと心の受け渡し」の実際を感じ取る。

テューター・ワークショップ終了後に彼女たちとお茶を飲みながらさまざまな話をすることがある。そこで語られたことのなかに、さまざまな問題を抱えた子どもたちとどう付き合えばいいのかということがあった。ああ、これはまさに学校教師と共通の悩みでもあるなと思った。私の経験などがなにかの役に立つかもしれない。そして次の新たな課題が思い浮かんだ。

③子どもたちや親たちとの付き合い方、人間関係づくりを考える。〔パーティづくり・教室づくり〕

テューターと話し合ったり、研究できそうなことはそれ以外にもさまざまありそうだった。以下のことについては、とりわけテューターは意欲的に取り組んで欲しいことでもある。

④テーマ活動を鑑賞して、子どもの表現や子どもを生かす方法について話し合う〔テーマ活動づくり〕

⑤テューターの実践記録を読み解いたり、実践記録の書き方を学ぶ。

貴重な体験であるラボ・ワークショップ全国行脚を通して、私自身の問題意識が鮮やかに浮かび上がってきた。それは、前述した③〜⑤ということになるが、とりわけ③と④、つまり〔パーティづくり・教室づくり〕〔テーマ活動づくり〕という領域であった。そして考えついたのは、そのことをはっきりさせるためにはラボ・パーティ参観で各地のテューターに学ぶしかないということだった。ラボ・パーティ参観記は後述することにする。

まずは、私のラボ・ワークショップ全国行脚から視えてきたテューターとラボっ子の存在そのものについて書いてみたい。

Ⅱ ラボ・テューターとラボっ子から学ぶ

ラボ・テューターとラボっ子（幼小中高大生）たちのワークショップに講師として招かれて、一番驚かされることは、彼・彼女らのからだが一様にしなやかで柔らかいということである。しかも物事にしっかり反応できるからだがそこにあるということである。ことばを変えれば、実にノリがいいのである。

ここ二年間に日本各地、十四箇所をワークショップで廻らせていただいたことには触れたが、そこではテューターやラボっ子たちに何かを教えるというより、むしろさまざまなことを学ばせてもらった、というほうが真実に近いと思う。ワークショップのたびにさまざまな発見があり、しかも実に楽しく心地よかった。それはなぜだったのか。印象的、特徴的なワークショップの様子を紹介しながら、その理由を振り返ってみることにする。

●転機としての、ラボ広島西地区小中高生ワークショップ

テューター対象のワークショップはどこも文句なく楽しくて、充実感いっぱいだった。

しかしながら、広島西地区の子どもたちとのワークショップは反省の多いものだった。子どもたちへのワークショップは千葉、神奈川に続いて三回目である。小学生から大学生（大学生は一人だけ）一一〇名が参加していた。結構広い会場で、テューター対象のワークショップとはかなり趣を異にして、難しさも感じたのだった。

前半はいつものとおり、ことばの微妙なニュアンスを遊ぶ、ことば遊びだったが、うまく子どもたちにその遊びが入っていかない。テューター対象ではまず考えられない反応だった。とくに中国支部のテューター研修会を前年の秋に行っていたが、おそらく今までのラボ・ワークショップでは最高級の盛り上がりであった。そこに参加された彼女ら十人が見守る中でのものだったので、そのギャップを彼女たちもかなり感じたのではなかっただろうか。

夕食中にテューターや事務局の庄田徹哉さんから意見を聞いた。「子どもたちは動きたがっている。」というのがテューターの感想。庄田さんからはもっと詰めて並んだ方がいいという意見、私の反省は声が拡散して子どもたちに入っていかないということ、子どものことばがほとんど全員に届かないということだ。これを解決するにはマイクを使うしかないと観念する。

後半、私はマイクを手にした。高校生二十人全員前に出てもらって、オーソドックスな朗読劇「歯のいたいワニ」をやってみる。表現は何でもありということで、六グループで話し合い、練習してもらった。短い話だが十五分ではたりなく二十五分で練習を終了させ、発表に入った。高校生がリーダーになった。彼らがまさに日常的に展開しているテーマ活動の取り組みそのものだった。

前半のワークショップに比べて、発表会は実に楽しいものだった。想像以上にさまざまな表現が飛び出した。多くのテューターもこれには満足だったようだ。しかしながら、これに危惧を感じる方がいらっしゃった。後藤順子さん、子ども劇場から地域の文化活動に取り組んで、朗読会の設立、そしてラボ・テューターへ転進した方だ。きちんと自分の思いを伝える表現が基本に無ければいけないのに、身体表現だけに頼ってしまっている。私の投げかけている「ことばと心の受け渡し」をしっかり受けとめていないのではないかという。しかも発表の仕方がパターン化していて、「型としての表現」になっていないかということを語ってくれた。冷静な鋭い意見で、子どもの表現を熟知し、彼らの活動を見通せる人がいたことにびっくりした。

帰京して後藤さんにミニコミを送付したら、まど・みちお追悼絵画展・コンサート（周南市美術館）などのパンフレットに混ざって、「Memories of Ohio　オハイオの風」が送られてきた。オハイオでのホームステイを絵と文章（日本語・英語）で綴ったものだった。

そして、次のように手紙にしたためてくださった。拙著『実践的演劇教育論』などをしっかり読んでいただいての感想だった。

「先日の『ラボ広島西地区リーダー合宿』では、たくさんの学びをいただき、誠にありがとうございました。私自身にとりましては、先生の投げかけがストレートに伝わってきました。こちらの準備、先生とのレスポンスが少し不十分であったことは否めないと思いました。こうしたことから『ことばと心の受け渡し』をもう一度学びあっていける場づくりを提案していきたいと思いました。各パーティの独自性は、共有できる学びの場でのテューターたちの感動体験がベースとなりますが、受け止めができないままでは、各パーティへの反映がされないままとなります。テューターの投げかけひとつで『ことば』のとらえ方が大きく違うということ、学校教育でも同じことが言えますよね。というわけで、私は過去の体験を振り返る貴重な出会いをさせていただきました。」

「過去の体験」というのは、竹内敏晴さんのレッスンのことである。

私にとってはけっこう苦い経験の中から、子どもたちのワークショップの方向がみえてきた。動きたいからだの子どもたちには、普段から慣れ親しんだテーマ活動のような朗読劇からスタートして、徐々に「ことばと心の受け渡し」のレッスンに進むことの方が無理がないということだ。身体表現のウォーミングアップとして、朗読劇（劇）から入り、群読、ことば遊びへ、という流れで、テューター研修とは逆のワークショップが考えられそうだ。ただし、一番大きなねらいは、「ことばと心の受け渡し」とは何かをしっかり考えることである。

ここでの体験が間違いなく次に生きていった。

●そして、中部支部静岡浜松地区中高大生合宿ワークショップ

広島西地区の体験を生かしてワークショップの展開を変えてみた。流れは次のとおりだ。

①ことば遊び「はひふへほは」まど・みちお…私とみんなとの掛け合いで群読的に声を出す。趣旨は、ことばの意

味を自分なりにしっかり考えること。

②**朗読劇「歯のいたいワニ」**…ミニ・テーマ活動のようにグループで話し合い、動く。発表はA、B、C、テューターの四グループ。「動きたいからだ」のラボっ子に配慮する。

③**「ライオンとネズミ」イソップ寓話**…二、三人でテーマ活動のように表現する。台詞のやりとりを十分意識させる。

〈休憩〉

④**「ぞうさん」「きりんさん」「やどかりさん」まど・みちお**…誰と誰の会話か、どのような場面かを考える。さらにどんな気持ちを込めているのか。つまりは、台詞とは、誰が誰に何を伝えているのかということを明確に示すものである。

⑤**「きりなしうた」谷川俊太郎**…どんな気持ちのやりとりかを考える。ことば遊びうたであるということを認識する。

⑥**「畑にて」くどうなおこ**…グループでテーマ活動のように読む。

しかしながら二時間半という時間の関係で残念ながら⑤、⑥はできなかった。

広島西地区の反省を生かして、子どもたちの聴ける体制をつくった。中学生三十九人、高校生九人、大学生五人、テューター六人の計五十九名の参加だ。横を詰めて座り、真ん中は少し下がる。端の子は中央に向きを変える。半円形の体型の完成だ。小ホール的なスペースは丁度いい。

私のことばが中学生以上の彼らにしっかり届いている実感がもてた。約六十名が聴いてくれている。私の送り迎えをしてくれた國分里美テューターが、彼らの後ろから見ていて、しっかり反応しているのにびっくりしたという。竹内敏晴さんのレッスンが生きている彼女のこのことばは嬉しかった。

高校生に前に出てもらって「歯のいたいワニ」の朗読劇を実演してもらった。その後三グループに分かれて三十分ほどのミニテーマ活動に入る。異年齢集団のいいところがすぐに出る。高大生が中心となって、動きの試行錯誤が始まる。びっくりしたのはテューターグループもダイナミックに後ろで動いているではないか。

発表会が楽しい。どのグループも個性的だ。しかもテューターの表現力には舌を巻く。

「ライオンとネズミ」は大学生三人に試演してもらう。ライオンとネズミ、そしてナレーター。さらに二人の大学生にナレーターを兼ねながらのライオンとネズミを演じてもらう。そして異年齢の二人組を作ってもらい全員で体験する。グループ分けに大学生などのリーダーの役割がはっきりみえた。

後半一時間は、まど・みちおの「ぞうさん」などでことばについて考えた。簡単な詩でありながら奥が深い。どのような状況で、誰が誰にことばを届けているのか。時間の関係もあり、「やどかりさん」で遊んで終了ということになった。

本当は詩「畑にて」(くどうなおこ)をどのようにテーマ活動的に彼らが演じるのか見てみたかった。ラボ以外のグループではできない表現をするのではないだろうか。

今回の収穫は國分里美テューターとの出会いだった。竹内敏晴のレッスンをしばしば受けている人で、ことばが届く感覚が体感できている。ラボに竹内さんを呼んだ矢部顕さんに対する信頼も篤い人だ。しかもなんと村田栄一さん主宰の海外旅行「飛ぶ教室」にも参加していて、できれば長時間話したい人だった。

浜松ワークショップは私自身としては大満足のうちに幕を閉じたのだった。

後日事務局責任者の方からテューターの感想が届けられた。多少抽象的なところもあるが、丁寧な振り返りに感謝した。

・ラボ・テューターや事務局だけでなく、外部の方もラボを認めてくださっているのが励みになり、ラボの良さを改めて実感することができました。
・今回お願いしたのが中学生～大学生でしたが、この年代は、「表現する」ということを頭ではわかっていても、思春期特有の照れなどがあり、それがなかなか出来ない年代です。福田先生のおかげで良い刺激になりました。
・先生のワークショップを受けて、その後の合宿での子供たちのテーマ活動「エメリヤンと太鼓」が非常に充実しました。表現においても、テーマ活動中のコミュニケーションにおいても、とても生き生きとしていました。
・実行委員の子達にとっても、先生のワークショップを経て、自分なりに何かをつかんだのか、自信に結びついた様子が見受けられました。

さらに、子どもたちの感想の一部が、國分テューターからメールで送られてきた。
・言葉の音の感じが感情や状況で変わる面白さや、言葉から頭の中にイメージとして映像として思い浮かべる楽しさを学ぶ事ができたと思う。（高２男子）
・「ぞうさん」は改めて向かい合ってみるとまた違った感じがした。誰が誰に何を伝えたくて書いたものか初めてわかったような気がした。（高１男子）
・質問がとてもわかりやすくて参考になりました。また言葉に対する考え方や向き合い方が変わりました。（大１女子）
・寸劇をやって役になりきることができた。声で心情を表現するのが難しかったけれど面白かった。（中２女子）
・色々な詩について、普段やらないくらい深く読み込むことができて楽しかった。ラボでやってきたことの意味がわかった気がした。（中３女子）

メールは、「最後の合宿の締めの三つのグループによる「エメリヤンと太鼓」というトルストイ作の物語の表現（テーマ活動）発表は、見事なものでした。映像で撮っておくべきでした。」で締めくくられていた。

そして、國分テューターの合宿報告文「ひとりひとりの限界を大人が決めつけない」（一部）が実に読ませる。私のワークショップのねらいを見事に捉えてくれて、講師冥利に尽きる。引用させていただくことにした。

氏名　國分里美（静浜地区）一九九〇年開設

（前略）合宿実行委員の子ども達とは、さらに「先生のワークショップがそれだけで終わらない様、どうラボのテーマ活動に引き寄せ、自分たちなりに発展させることができるか」を今回の合宿の目標に掲げた。

2回の実行委員会を経て、彼らといっしょに試行錯誤を重ね、合宿のプログラムを組み立てる過程で、参加者と共有したい大切な事が見えてきた。

・聴いて（ことばや音楽を受け取り）自然に湧き出るイメージに身体をのせる事
・物語のメッセージを高学年ならではの知的な興味に広げ、ことばを介して裏付ける事
・ことばとイメージとテーマのシンクロ＝表現
・ラボのリーダーとして大切な要素は、自分自身が物語を身体とことばで表現し、年下や他の仲間の異なるイメージを寄せ合わせ、練り合わせられる柔軟性と感性を常に意識する事

これら実行委員が狙った課題と、当日の福田先生のワークショップのひとつひとつが1泊2日間の合宿で重なり合っていった。

ワークショップからいくつか紹介すると、

・『はひふへほは』の詩の朗読でリズムを楽しんだ経験は、合宿のテーマ『エメリヤンと太鼓』で、《太鼓たたき》の音に合わせて、みんなの動きが太鼓の音そのものにも見え、後についていく子どもの姿とも映る表現になり迫力あるものになった。

・『ぞうさん』『ワニと歯医者』の寸劇を通して、誰に向かって発していることばかを丁寧に考えたワークショップも生かされていた。エメリヤンが３つめの難題を突き付けられ、アンナに嘆くシーンでは、同時に皇帝と廷臣が喜んでいて、エメリヤンの苦しむセリフを対照的に浮かび上がらせていた。

・『トルストイの部屋』というコーナーで、トルストイの思想に触れた事も相まってか、「からっぽの太鼓とはどんなもの？」「自分の考えを持たない兵士そのものの事なのかも？」というメッセージを見つけ出したグループの最後の太鼓の場面表現は、大きな「空（くう）」を表すような動きになっていった。

こんな風に、福田先生のワークショップが、高学年代の子どもにも受け入れられ、実行委員の「狙い」とうまく化学反応を起こせた理由のひとつには、先生が子ども達と向き合う姿にあると思った。先生は静かな口調で、子ども達に一旦投げかけ、自由に任せ、グループ単位で発表し合わせる。発表後も決して評価や批評や優劣をつけるようなことば使いはせず、素直なご自分の感じた事を伝えられる。何よりも先生自身が楽しんでいる様子が、自然と子どもの心と身体を解放させ、グループの仲間との一体感を生んでいるようだった。

先生の投げかけ方からも学んだ様子がうかがえる感想を実行委員の一人からも聞いた。

「今まで、『他に意見ある人～？』なんてみんなに振っても、あまり意見を発してくれなかったけど、グループ活動の時に、自分の素直な思いを伝えて、『カエルがアンナだったのかな～？　いっしょに考えて～』って感じで投げかけたら、グループのみんながいろいろ言い出し始めたから、これなんだなぁ、って思った。」

当たり前の事の様にも思えるが、高１で初めて実行委員に挑戦した彼女にとっては大発見であり、体得した、という感触だったのだろう。

福田先生のワークショップで学んだことが、リーダーである実行委員によって引き寄せられ、じわじわと参加者ラボっ子に浸み込み『エメリヤンと太鼓』のテーマ活動という形で、ほとばしるような見事な表現になっていく。合宿に参加した全員でひとつの物語を創っていく様子を目のあたりにして本当に感動した。（後略）

Ⅲ　各地でのワークショップ・アラカルト

十数回のワークショップで、日本全国で活躍する、個性をもった素敵なテューターやラボっ子たちに数多く出会ってきた。あるワークショップ終了後、教師を目差すラボっ子と一時間話し合ったことがある。日常的に表現活動を豊かに展開してきたラボっ子たちが、教職の世界に身を投じることを歓迎したい。私の後輩になるであろう未来の若き教師との対談は心楽しいものだった。

さて、ワークショップのなかで出会った印象的な出来事について、次に触れていこう。

●「きりなしうた」母娘のテューターのやりとり

谷川俊太郎さんの「きりなしうた」は私のワークショップの定番だ。もちろん小学校教師時代にもクラスで取り組んできたものだ。

担任終盤の「オンリー学級」は不登校気味の子どもを数人抱える二年生、一年次担任と急遽交替して入ったクラスだ。前年五十四日休んだ恵ちゃんと三十七日休んだ雅人くんが、嬉々としてこのことば遊びに興じていたことが鮮やかに脳裏に焼き付いている。自分で登校できるきっかけになった詩である。この詩からすべてが始まった。

誰と誰の会話なのか、どのような思いを届けたいのか明確にしながら遊ぶことができる楽しい詩である。

広島のワークショップでのこと。この詩を知っている人が数人いた。なぜ知っているのかを尋ねていくうちに、場がざわつき始めた。なんと実の母子がともにテューターとして参加していたのだ。お母さんがすでにご登場いただいた後藤順子さん。春の子どもたちの合宿で再会した方だ。

「では、お二人に掛け合いで読んでもらっても良いですか。」参加者もやんやの喝采だ。

後でお話を伺ったのだが、このお母さん役の後藤テューターは谷川さんの詩が大好きで、研究サークルなども立ち上げたという。様々な実践実績を持っている方だった。

きりなしうた　谷川俊太郎

しゅくだいはやくやりなさい
　おなかがすいてできないよ
ほっとけーきをやけばいい
　こながないからやけません
こなはこなやでうってます
　こなやはぐうぐうひるねだよ
みずぶっかけておこしたら
　ばけつにあながあいている
ふうせんがむでふさぐのよ
　むしばがあるからかめません
はやくはいしゃにいきなさい
　はいしゃははわいへいってます
でんぽううってよびもどせ
　おかねがないからうてないよ
ぎんこういってかりといで
　はんこがないからかりられぬ
じぶんでほってつくったら
　まだしゅくだいがすんでない
しゅくだいはやくやりなさい
　おなかがすいてできないよ
ほっとけーきをやけばいい
　こながないからやけません
こなはこなやでうってます
　こなやはぐうぐうひるねだよ
みずぶっかけておこしたら
　ばけつにあながあいている
ふうせんがむでふさぐのよ
　むしばがあるからかめません
はやくはいしゃにいきなさい
　はいしゃははわいへいってます
でんぽううってよびもどせ
　おかねがないからうてないよ
ぎんこういってかりといで
　はんこがないからかりられぬ
じぶんでほってつくったら
　まだしゅくだいがすんでない

さすが実の母娘、自然でリアル、淀みがなく聞いていて、つい引き込まれてしまう。

ここで、二人はどういう役として読んでいたのか聞くと、「母親。」「小さい子。」と返ってくる。なるほど、当然それもアリだが、母親と幼子以外は考えられないかと問う。つまり特定の人が特定の人にどのような思いを届けるのかを明らかにして、初めて会話は成立するのではないかということを考えてもらうのである。

ワークショップではこの後二人組になり、自分たちで役割設定して遊んでみる。この広島のワークショップでは何分でも延々とそのやりとりを楽しむ五十人のテューターたちだった。

●定番「ぞうさん」は奥が深い

ぞうさん　　まど・みちお

ぞうさん
ぞうさん
おはなが　ながいのね
そうよ
かあさんも　ながいのよ

ぞうさん
ぞうさん
だれが　すきなの

まど・みちおさんの詩のなかでも最も有名で親しまれているのがこの「ぞうさん」ではないだろうか。ひらがなだけで、一見して易しそうなこの詩は、実はかなり奥が深いのだ。登場人物二人の対話と想定したとき、それではいったい誰と誰の対話なのだろうか。小さな子と子象という答えが出やすいが、問いかけているのは果たして小さな子以外は考えられないだろうか。小鳥やきりん、太陽や風では成立しないのか。そんなこと考えたことなかったと大人でもしばし沈思黙考という感じになることもある。

誰が誰に話しかける詩かも考えずに歌っている「ぞうさん」だが、そのことを考えることによって歌のもっている世界が変わってくるのではないか、というのが私が提起したことだ。

さらに興味深いのは、「そうよ　かあさんも　ながいのよ」「あのね　かあさんが　すきなのよ」という子象の真意はどこにあるのか、ということだ。

あのね
かあさんが　すきなのよ

ある日、『こんにちはまどさん』（まど・みちお詩集、伊藤英治編、村上康成絵、理論社）を手に入れた。「うたうた」「ことばのさんぽ」「やさしい景色」として三部に構成されたまどさんの詩を読んでみると、またまた新しい発見がある。考えさせられたのは伊藤さんのあとがきだった。

伊藤さんは、霜村三二さんを介して、「演劇と教育」の特集「まど・みちおを遊ぶ」のときにひとかたならぬお世話になった方だ。まどさんや工藤直子さんの私的な写真を貸してくれたり、巻頭の「ドラマの眼」を書いてくれた。まどさんの新刊本を贈ってもらったこともある。しかし、残念ながら『阪田寛夫全詩集』の刊行を見ず亡くなられたのだった。その丁寧な仕事ぶりは高く評価されていて名編集者の誉れが高い方だ。『工藤直子全詩集』をも視野に入れられていた方でもあった。

彼があとがきにこう書いている。

ぞうさん
ぞうさん
おはなが　ながいのね
そうよ
かあさんも　ながいのよ

なかよしの、おかあさんぞうと子ぞうの歌だと思うでしょう。しかし、こんな読みかたもあります。子ぞうがだれかに、「なぜ、そんなにはなが長いんだ。」と悪口をいわれます。すると、子ぞうは、「いちばんすきな、かあさんも長いのよ」と、ほこりを持って答えます。からだが大きくて、はなが長くなくては、ぞうではありません。まどさんは、「ぞうは、ぞうとして生かされていることが、すばらしいのです」といっています。

伊藤さんは「わたしたちは、おなじ詩を読んでも、一人ひとりちがうかんじかたをします。それはとても大切なことなんです。」と書いているが、そのことは認めるが、それにしても多少の違和感が残るのだ。冒頭の「なかよしの、おかあさんぞうと子ぞうの歌だと思うでしょう。」をどう解釈するか。お母さん象と子象の対話から構成された詩という意味であればそれは違うと言うしかない。お母さん象と子象の関係を歌った詩ということであれば、それはそうだ。伊藤さんはたぶん後者を考えていたのだ思う。そうなると「しかし」という逆接の接続詞が意味をなさなくなる。ここは順接になるはずなのだ。

では、この詩は何を言いたいのだろうか。やはり、象は象であること、自分は何物にも代えがたい自分なんだということ、そして自分自身を誇りに思うということなのではないだろうか。

おなじ詩集に「くまさん」「うさぎ」がある。繰り返し、貴方は貴方でいいのだと言ってくれているのがまどさんだったのだ。

くまさん

はるが　きて
めが　さめて
くまさん　ぼんやり　かんがえた
さいているのは　たんぽぽだが
ええと　ぼくは　だれだっけ
だれだっけ
はるが　きて
めが　さめて
くまさん　ぼんやり　かわに　きた
みずに　うつった　いいかお　みて
そうだ　ぼくは　くまだった
よかったな

うさぎ

うさぎに　うまれて
うれしい　うさぎ
はねても

はねても
はねても
はねても
うさぎで　なくなりゃしない

うさぎに　うまれて

うれしい　うさぎ
とんでも
とんでも
とんでも
とんでも
くさはら　なくなりゃしない

そして最後にだめを押す。ずばり、こんな詩もあるのだ。

ゾウ2

すばらしいことが
あるもんだ
ゾウが
ゾウだったとは
ノミではなかったとは

＊次の詩には曲がつけられている。「ぞうさん」（團伊玖磨作曲）「くまさん」（鈴木敏朗作曲）「うさぎ」（大中恩作曲）

●「きりんさん」〔疲れた中年の夫婦の会話〕説

ノリにノって表現する同じ広島のワークショップでのこと。やはり二人を指名して「きりんさん」を読んでもらった。

きりんさん　まど・みちお

きりんさんの　おくびは
ながいね
いつでも　とおくを
みてるから

きりんさんの　おめめは
やさしいね
だまって　とおくを
みてるから

きりんさんの　とおくは
どこかしら
うまれた　くにでしょ
うみの　むこう

例によって誰と誰の会話か考えてもらう。動物園でのきりんと人間の子どもの会話、サバンナでの学生同士の会話などさまざま出された後に、「疲れた中年の夫婦の会話のように聞こえた。」という人がいた。「ひょっとして倦怠期の夫婦で別れが近いのかもしれない。」とも。わあ、なんて自由な発想なんだろうと感心した。そして大爆笑だった。今までに聞いたことのなかった思いつきだった。この方は島根で「2012国生みプロジェクト絆」を中心的に担った中村智子テューターだった。演技力も玄人裸足で抜群だった。

大人には大人の読み取り方があるものだ。

●「やどかりさん」波が話す。

千葉の中高大生のラボっ子百人とワークショップをした時のこと。前方には合宿を中心的に運営してきた高校生が陣取り、後方には大学生が見守るというふうだった。中学生は真ん中で少しおとなしい感じ。

例の如く「やどかりさん」を二人で読んでもらう。

やどかりさん　まど・みちお

まいにち　ひっこし
やどかりさん
きょうは　どちら
ざんぶりなみの
いっちょうめ
さんばんち
まいにち　ひっこし
やどかりさん

…………………………………

きょうは　どちら
でこぼこいわの
さんちょうめ
いちばんち
まいにち　ひっこし
やどかりさん
きょうは　どちら
なんとかやらの
なんちょうめ
わすれたよ

登場人物は誰か尋ねた。答えているのはやどかり、これはすんなり出る。では、聞いているのは誰か。子どもたちの座っている真ん中に入り込んで、無口そうな男子中学生に聞く。かなりの間。そしてぼそりと「波。」と答える。大学で同じような質問をすると、魚、貝、ひとで、うになど海浜生物を答える学生が多い。これはこれで正解。でも「波」という自然現象は初めて聞いた。それにつられてか、「海、砂。」などの回答も出始める。

しかし、彼の回答を粘り強く待ってよかったと思った。それにしても波という答えはラボっ子ならではでないだろうか。日常的にテーマ活動に取り組み、劇の背景の森や建物、炎や怒りなどの感情をも身体表現する彼らである。そんなからだからすっと出てきた波だったのだろう。やどかりが登場人物として話す物語世界、波が話してもなんら問題はないだろう。フィクションの世界なのだから。

●「歯のいたいワニ」そのまんま、テーマ活動

数人の学生も混ざった大阪でのテューターとのワークショップでのこと。「歯のいたいワニ」を朗読劇ふうに演じてみることにした。まずは私の読み語りから。内容を参加者に理解してもらうためだ。

歯のいたいワニ

作・シェル＝シルバースティン
訳・神谷貴子

ワニが歯医者にいって　いすにすわった。

歯医者はいった。

「ねえ、ワニくん、どうしたんだ？　どこがいたいんだ？」

ワニはいった。

「歯がどうしょうもなくいたいんだ。」

そしてワニは口を大きく、大きくあけた。

歯医者は、ワニの口の中によじのぼって　そしていった。

「こりゃ、そうとうなもんだ。」

歯医者は、ワニの歯を一本一本ぬきはじめた。

「いたい！　いたいよ！　ペンチをおいて、もういいよ。」

とワニはさけんだ。

だけど歯医者は、ハハハと笑っていった。

「あと12本もある。おっと、これはちがう歯だった。ごめん。だけど、まったく何という歯だろ。」

とつぜん、口がガバッとしまった。

歯医者は地球から消えた。

北か南か東か西か、どこへ行ってしまったのか。

歯医者は引っ越し先の住所をのこしていない。

まったく、何という歯医者だろう。


登場人物は歯の痛いワニと歯医者の二人。他はすべてナレーター。私のオーソドックスな朗読劇のやり方を説明する。役割と状況設定をしてすぐに二人を指名してやってもらう。

おおよそのやり方がイメージできたところで、十数名ずつの二つのグループに分かれて自由に練習してもらうことにした。これはまさにラボのテーマ活動と変わらない。

そして簡単な発表会を開く。

Ｂグループが話し合って決めた演出にＡグループは度肝を抜かれる。なんとナレーターが全員歯になった。一人二役の不思議な世界。ナレーターというよりギリシャ劇のコロス的雰囲気を漂わせている。テューターの即興性の凄さを垣間見た瞬間だった。

Ⅳ ラボ・テューターとラボっ子の「からだ」

ラボでのワークショップでは多少の「波乱」を経験したが、本当に楽しいし、やりやすいものだった。今日はどんな出会いが待ち受けているのかと心がうきうきする。彼らの個性的な表現に立ち合う楽しみと悦びがある。それは「ことばと心の受け渡し」が彼らにきちんと成立しているからだ。つまり「ことばと心の受け渡し」ができる「からだ」がそこに存在しているのだ。

なぜ、ラボ・テューターとラボっ子たちは交流できるからだになっているのか、その理由を想像し、列挙してみた。

・日常的にソング・バードやテーマ活動などの表現活動に身を浸し、自然にコミュニケーション力を養うことができている。
・パーティ総体で、物語・フィクションの世界を楽しみ、遊んでいる。
・異年齢のラボっ子たちの自主的主体的な学び合い、教え込まないテューターの資質が存在している。

●「賢治のからだ」

ラボテューターとラボっ子たちとの交流を通して思い出していたのは故・鳥山敏子さんの「賢治のからだ」とい

う問題提起だった。

鳥山さんは東京で公立の小学校教師として、作文・社会科・演劇教育・いのちの教育などに力を発揮し、多くの著書をもち、その実践は広く日本中に知られた人である。公立学校の限界を知り、私立「賢治の学校」を設立し、亡くなるまで一教師であり続けた人だった。その実践の基盤に竹内敏晴さんのレッスンから学んだことがあったのは、不肖私と共通するところだ。

鳥山さんは賢治の詩や物語、文章を読み、賢治の教え子を訪ね、賢治の息づかいを感じようとした。その過程で賢治の精神とはなにかを掴み、フリースクールの柱とし、「賢治の学校」と命名する。さらに、方法的にはドイツのシュタイナー教育に学んだ学校であると言える。

さて、鳥山さんが捉えた賢治の精神とはなにか。

それは、一言でいえば、「賢治のからだ」を共有した子どもたちを育てるという提起だったと思う。

そもそも「賢治のからだ」とはなんだろうか。私が一番印象深く脳裏に刻まれているのは、子どもたちとフィールドワークをしている賢治が、なにやら思いついたときに、突然「ほほ～っ。」と回転しながら飛び上がるという仕草である。そしてすぐに鉛筆を取り出し、メモをとるという。鳥山さんはこうした賢治の行動に興味を持ち、賢治の教え子たちを一人ひとり丹念に訪ねるのである。現役公立小学校教師の時代にである。土日の休みを利用して宮城まで通ったのだった。賢治の教えを経て七十年後の十五人へのインタビューだった。

そうして、記録映画『せんせいは　ほほ～っと　宙に舞った―宮澤賢治の教え子たち』（制作、鳥山敏子＋グループ現代）と写真集『せんせいは　ほほ～っと　宙に舞った―宮澤賢治の教え子たち』（塩原日出夫、鳥山敏子、新泉社、一九九二年）が完成する。

写真集の中に、専業農家として生きてきた瀬川哲男さん（明治42年生まれ）の次のような証言がある。

「先生はしょっちゅう、すごく感動したり、おもしろいなにかがあったときは、ホーホーと声を出して、とび上がって回るんです。先生は、うれしいとき、感動したときは、からだが軽くなって、からだ全体が宇宙に飛び上がる思いがすると言っておったんです。このことは、踊り、すなわち舞踊の純然たる原点と思われるのです。」（四八頁）

そして、こんなことも話している。

「先生は、授業中、こう言ったのです。『頭で聞くんじゃない。からだ全体で聞きなさいと。話は本より大事なこともあるから、教科書を開いたりノートをとったりしないで、からだ全体で聞きなさい。教科書なんかは家へ行って読めばよい』と。」（四八頁）

インタビューした十五人のうち農業に従事した人、農業指導者になった人も多かったが、教職について、最終的には校長になった人が四人もいることは興味深い。しかし、どの教え子たちも七十年前の賢治や授業のことを昨日のことのように思い出し、鮮やかに再現するのには驚愕させられる。鳥山さんの、賢治の教え子へのインタビューは今となっては実に貴重な仕事であったといえる。

鳥山さんは、この写真集や映画が完成した二年後、一九九四年三月に三十年の公立教師に幕を引く。その後は「賢治の学校」創設に全力を傾注していくのである。さらにその二年後、『賢治の学校』（サンマーク出版、一九九六年）を出版している。そこには次のような文章が散見される。（＊は見出し）

＊自然と交流できる「からだ」

「実際に賢治は、自然と交流できる、あるいは自然のなかの霊気、たとえば『おんばさ』のことばを感じとることのできるからだをもっていたのだと思う。」（二九頁）

＊「感じる通路」の開いたからだ

「…賢治のからだは西洋音楽も入ってくるし霊気も通じるといったような、当時の一般的な日本人とは少し違った、開かれた通路の多い、風通しのいいからだをもっていたといえるだろう。」（三八、九頁）

＊「こころ」に正直な「からだ」

「すべてがこのように、賢治のこころはからだに正直にあらわれる。いろいろなことを感じるからだをもち、感じたことをからだで正直にあらわす。そういうからだを賢治はもっていたのである。」（四二、三頁）

鳥山さんが捉えた「賢治のからだ」はここに凝縮されている。「自然と交流できる」「ことばを感じとることのできる」「開かれた通路の多い、風通しのいい」「いろいろなことを感じるからだをもち、感じたことをからだで正直にあらわす」からだということになる。

さて、ここでラボの話に引き戻そう。ラボっ子やラボ・テューターのからだは、まさに「賢治のからだ」ではないのか。いや彼らは「賢治のからだ」を目差しているのではないかと思う。

「やどかりさん」と問答する海の波の存在を感じ、「きりんさん」を見ながら黄昏れた中年夫婦を思い描き、容易に「歯のいたいワニ」の虫歯になりナレーターも演じる。ここには確実に「賢治のからだ」を見出すことができる。

長年私が教えてきた教育学部の学生のからだは「賢治のからだ」との接点が薄いと言わざるを得ない。残念ながら、幼児から高校までの日本の教育は身体表現を大事にする場や空間を保証していない。表現しようとしても表現できない制約が彼らを取り巻いている。

こうした日本の政治的教育的状況の中で、ラボの果たす役割の大きさは計り知れないものがある。

〔参考〕『賢治と種山ヶ原』鳥山敏子編、世織書房、一九九八年

テーマ活動づくりとパーティづくり
ラボ・パーティ参観記

I　研究テーマを設定する

繰り返しになるが、全国のラボ支部でワークショップはいずれも「表現教育ワークショップ―ことばと心の受け渡し」がテーマであった。

このワークショップを通して浮かび上がってきた課題が次の三項目だった。

＊子どもたちや親たちとの付き合い方、人間関係づくりを考える。〔パーティづくり〕

＊テーマ活動を鑑賞して、子どもの表現・子どもを生かす方法について話し合う。〔テーマ活動づくり〕

＊テューターの実践記録を読み解き、実践記録の書き方を学ぶ。

とりわけ〔パーティづくり〕〔テーマ活動づくり〕という領域について、ラボ・パーティ参観で各地のテューターに学ぼうと考えた。そこで三箇所のパーティを参観させていただくことになった。そして、参観しながら〔実践記録の書き方」についても大きな示唆を得ることになったのだ。

Ⅱ　居場所づくりとテーマ活動―宇野由紀子パーティの巻

最初にラボ教育センター事務局が紹介してくれたのは、宇野由紀子パーティ（東京・小平市）だった。

宇野さんは一九八三年宮崎でラボ・パーティを開設。以後、福岡、名古屋そして一九九八年に現在の東京・小平市と、その居住地でパーティを開いてきた。年一回グループの地区発表をして、さらにキャンプ前にグループ発表を行っている。

「パーティを開いていて楽しいし、おもしろい。できたという感触をもてるようになってきたのです。」と語る宇野テューターだが、何が転機になったのだろうか。

「待てるようになってきた。子どもの気持ちが変わってくるのがわかってきた。」

「かつてはこれを覚えなさい、というスタンスだったが、子どもの表現やポーズで子どもの気持ちが理解できるようになってきた。……つながるということがわかってきたのかな。」と語る。

私が訪ねるのは六人の子どもたち（年中～中１）の火曜日ラッキースター・グループ。年中二人（ひで、あや）、小２（きこ）、小３（けん）、小５（なつ）、中１（りん）ということになる。（いずれも仮名）

彼らがテーマ活動に選んだのは『ぐるんぱのようちえん』で、参観したのは二〇一四年五～七月、パーティ訪問三回と発表会で計四回ということになった。事務局から吉岡美詠子さんが参加し、三人の共同研究だった。参観できなかった日のパーティの様子については宇野さんからメールで報告を受けた。パーティ参観後に三十分程度の話し合いをもち、さらにメールで三人の感想交流も行った。

●宇野パーティとの出会い（初めての参観）

ラボっ子と初めて会う日がやってきた。そのときの様子をメモにとって感想を付して二人にメールで送った。

○二〇一四年五月二十日（火）参観一日目

16時20分〔ウォーミングアップ〕

ひで、「疲れた。」と言ってお母さんと登場。「疲れた。」がトレードマークか。子どもが登場したので宇野テューターと吉岡さんとの話し合いは中断。テューターは絵本『ランパンパン』を取り出し、ひでを相手に読み語りを始める。テューターの声ははっきりしていて六畳の部屋には充分だ。けんが来る。

「ひで君のために読んでいるの。」とテューター。

りんが門のところのラボの案内表示を運んでくる。三々五々子どもたちが増えていく。りんはあやを抱っこしながら聞いている。テューターに対して反射的に反発をするりんも優しいところがいっぱいある。

「この絵本は今度ＣＤになるからね。」と言って読み語りは終了だ。

本日予定された子どもたちが集まった。学校の様子や保育園のことなど身近な話題で盛り上がる。ここまではウォーミングアップか。

16時50分〔見学者紹介〕

「今日いらしている皆さんを紹介するね。」ということで私が話をすることになった。

「宇野パーティがおもしろいことをやっているというので見学に来ました。よろしく。」と私。吉岡さんの挨拶、そして今日から初参加で、他のパーティから異動してきた大学生「たぬき」の自己紹介だ。

「ソングバーズやろうね。」ＣＤをかけながらの「レットゥ　アス　スウイング　トゥギャザー」「グリーン　グリーン」など手遊びうたや二人組の英語の歌が始まった。

17時00分〔読み語り〕

少しからだを動かし、ことばを交わしたあと、テューターは「グループ発表会に何やるか決めたいんだけど。」と誘い水を向けるが話し合いは進まない。幼児から大学生までの七人グループ、討論は難しいのか。テューターの問いかけにいちいち突っかかるりん、反抗期なのだろうか。いちゃもんをつけるということで存在をアピールしているふう。しかしりん、ひでをしっかり抱っこしている。

とりあえず今日は『だるまちゃんとかみなりちゃん』をやってみようということに。

テューターの読み語り、絵本をみんなで見ながら読み進めている。絵本が小さいので子どもたちは見えるところに移動、集中した、いい空間ができる。絵を楽しむ様子。

17時25分〔ＣＤスタート〕

「役決めしよう。」とテューター。黒板に役を書くなつ、きこ。たぬきがお父さんに立候補、みんなもやりたい役を言い始める。初めて来たたぬきに対する違和感は薄れていく。

ＣＤスタート、何とか子どもたち動き出す。いつもの初日の風景か。大きい子は家で１回聞いてきたという程度だからこれが普通だろう。

「踊ろうか。」というテューターに動き出す大きい子、つられる小さい子、とりわけ年中の二人が楽しそう。お父さん役のたぬきが登場して場が成立してくる。昔この物語をテーマ活動で取り組んだことがあるという。

17時45分〔縄なし縄跳び〕

ＣＤの台詞に合わせてテューターがことばを添えながら動き出す子どもたち。強制されない物語あそびの世界。筆者はあらすじが頭に入っていないが、子どもたちは動けている。子どもの感性の豊かさと、テーマ活動の経験のなせる技か。

絵本の中に縄跳び登場。「縄跳びやる?」というテューターの問いかけにのる子どもたち。縄無し縄跳びだ。縄を持つ子は大きな子、異年齢の凄さか、違和感なし。

18時00分〔振り返り〕

あっという間に六時。

「今日楽しかったことは。」なつが司会でノートをとりながらみんなに聞く。

ひで「食べているところ。」

けん「隠れているとき見つかるのがいや。」

りん「ふざけていたからよかった。」

たぬき「楽しかった。この話は久しぶりだった。懐かしかった。」

なつ「今まで長い話をやっていたけど、短い話もおもしろい。」『ライオンと魔女と大きなたんす』や『オオクニヌシ』の話のことを言っているらしい。

テューターが「『だるまちゃんとかみなりちゃん』やる。」と聞いても返事は今ひとつ。ひでが『ぐるんぱのようちえん』『3匹のやぎのがらがらどん』などと言うがなかなか決まる様子ではない。『ぐるんぱのようちえん』か『だるまちゃんとかみなりちゃん』のどちらかという雰囲気だろうか。

18時15分〔終了〕

「Good-bye」の歌を歌って本日は終了！

宇野パーティーで　　（上）クリスマス会の「雪だるまゲーム」
（下）「Good-bye」の歌よりお菓子が気になる。

この時の私の感想を箇条書きにしておこう。

① 16時20分～18時20分、途中休憩無しで二時間流れが切れずに動けたのは凄いこと。年中の二人も集中が素晴らしい。強制されない表現活動のよさを見る。
② 読み語りの時間と空間がいい。宇野さんの語りの良さ。
③ 異年齢集団の良さ。突然の「たぬき」（大）の出現に違和感はない。りん（中1）の存在がこのパーティの表現活動の鍵になりそうだ。
④ 動きからスタートするということが大切。動きたがっている子どものからだから出発するということ。台詞についてはどこかで指導したい。
⑤ 振り返りの大切さ。ノートや黒板係の子の積極性がおもしろい。
⑥ 物語決定がけっこう難しいか。決定にいたるドラマが起こりそう。

紹介した私の参観メモと感想を読んだ二人から早速返信メールが届いた。

●実践記録を書くということ

ある日の宇野さんが書いたメールは、実践記録を書くことに対する、貴重なヒントになっている。三十三年の小学校教師生活で大切にしてきたのが、学級通信や教科通信だった。家に帰ってから通信を綴ることが多かったが、若干のメモはとったものの、ほとんどはその場面を思い出しながらの即興的な作業だった。録音などの記録を忠実に再現することだけが実践記録ではない。宇野さんのコメントはまさにその思いを共有している。

○宇野テューターのメール（五月二十九日）

福田先生、この記録には私の想像も多分に入っています。様子を思い出すと子どもたちの声があたまのなかに響きます。全くその通りの言い方ではないと思うのですが、その子の声そのときの言い方や雰囲気が次のながれに繋がっています。その感じが伝わっていますでしょうか。

記録で残したのは、私が大事だと思う箇所なのでしょうね。あの日を知っていらっしゃるお二人なので自分でもおもしろい感覚です。

今回、吉岡さんの記録を読み、福田先生の感想を聞き、同じ場面を共有しているのに私の知らない場面がいくつもあることが発見でした。記録っておもしろいのですね。私の視点は何だろう。こどもたちとのやりとりで何を大事にし「ことばとこころ」を育てていこうとしているのだろう。それには経験上うまくいくこととそうでないことがあること、私が知りたい子どもたちの内なる力を引き出すヒント、私にたりないこと、お二人の力を借りてお二人の視点も学びながら記録をつけてみることを楽しみたいと思います。

次の文章は宇野さんの記録の一部である。前半は省略して、歌の振り付けの場面を読んでもらおう。宇野さんの子どもを見る視点が明確に提示されている。

○五月二十七日（火）宇野テューターのメモ

なつ、ホワイトボードへつく。

テューター　りん、決めてくれる。

りん　おれ、くるまやさん、ぐるんぱだれやる。

テューター　だからあ、何の役があるかみんなにきいてごらんよ。

中学生になったのだからと、りんにリーダーをやらせたがるが、ついつい口をはさむテューター。役が決まったあと、ぐるんぱにはたくさん歌がでてくるので先に振り付けを考える。

テューター　「はたらきものぐるんぱ」のところはどうする。みんなシーン。思い浮かばないらしい。すると……

ひで　あのね、あのね、ぐるぐるまわるの。

けん　そんなのへんだよ。

テューター　やろうよ。意見はみんなとりいれるよ。

歌いながらテューターの周りをぐるぐるまわる。

りん　そしたらさ、働くんだから元気に手をふって歩きながらまわろうよ。

元気に歩きながらテューターの周りをぐるぐるまわる。

テューター　「おおあしおおみみながいはな」は。

あや　こうするの。

顔のまわりで両手をひろげてバイバイのようなしぐさをやってみせた。

けんご　へん。

りん　ねえ、だったらこれは。

どんと足をふみ、手を大きく耳のまわりでひろげる。あやがさびしそうなかおをみせる。

テューター　あやちゃんのいいじゃん。あやちゃんのでやろうよ。

歌いながら全員でやってみるが歌があまるかんじ。

まり（特別参加の大学生）　ここらへんでだれかやってたのがいいとおもうよ。こんなの。

と言って「ながいはなあ」のところをヤッホーのポーズから両手をのばしてぞうの鼻のようなポーズに。きっとひでくんがしていたポーズでテューターがみていないところでやっていたのだ。

テューター　それいいねえ。

全員で最初からやってみる。なんだか楽しい！

テューター　「とくだい一こが一まんえん」のところは。

けん　一万円じゃない、一〇〇億円がいい。

けんご　いい。いい。一〇〇万円じゃなくて一〇〇億円。

あとの曲もどんどん決まっていった。

●さらに、三人の共同研究（参観二回目）

最初の参観から二週間後、二回目のパーティ訪問だ。今回も、私の記録から見ていただく。

○六月三日（火）参観第二日目

16時15分〔いつものスタート〕

宇野家に到着。すでに吉岡さんが来て、宇野さんと話をしている。

私が宇野さんのメールのコメントに対する感想を話すうちに、やはりひでが「疲れた！」と登場。どうもこれは「こんにちは。」の挨拶がわりのようだ。つまり僕はここにいるよという意思表示のようでもある。彼はいつも最初に登場して、誰よりもラボが好きのようだ。

次に、やはりりんが登場。

「ソング・バーズやろうか。」ということで「Hi」「Peanut Butter And Jelly」などの歌が始まる。「○○知ってる？」という問いかけに「知らない。」とりんは一見冷たい返答。つっけんどんな応答の中に彼の「積極的参加」の意志を読み取ることができる。ひでとりんはラボが大好きなのだ。

なつ、けん、きこ、あや、続々登場。あやは人形の小さなぐるんぱのぬいぐるみを持って来た。前回のテーマ活動の影響に違いない。保護者は二人、ここでも参観は自由のようだ。

「マザー・グースの歌」が始まる。宇野ママ（テューター）が持っていた『マザー・グースのたからもの』という本の題名が見える。

「大きな斧で、大きな木を切り倒し……」「斧って英語で何というか知っている？」「アックス。」「何で知っているの？」「仮面ライダーの武器だから。」と答える子あり。なるほど。

宇野ママ、絵本を持っての読み語り、子どもたちは立っている子が多い。立ちっぱなしはなぜか落ち着かない。動きたい子どものからだがそこにある。

「マザー・グースの振り付け、みんなで考えてもおもしろいね。……来週考えるからCD五十番聞いてきてね。」りんが突然「たぬきいないんだ。」と残念そうに言う。他のグループに参加するというテューターの話にりんはしょんぼり。けっこう頼りにしていたりんの落ち込みは大きい。

16時52分〔子どもたちの自主性〕

またもや「たぬきは？」となつ。「まりちゃん来なきゃいや。」とひで。わずか一、二回だけの参加でも大学生二人の存在は大きい。

「今日はいろんなぐるんぱやろう。」とテューター。「ぐるんぱいや。」とひで。椅子に再三再四上るひでを注意するテューターに対する「反抗」か。

マザー・グースが終わって前回の振り返りということでノートをりんに読ませる。「みんなで考えてやろうね。どういうふうにやる?」子どもに主体性を求めるテューター。テューター「ジャングルをつくるか。」りん「とりあえずやろう。」

子どもたちの自主性を重んじて、待つ姿勢を貫こうとする。しかし本日を入れて６日で発表まで持っていかなければならないということを考えると、あるテンポが必要だろう。子どもを司会にして役決めをする。ぐるんぱ（ひで、りん、あや）パン屋（なつ）など。

17時10分〔産みの苦しみ?〕

一応の配役。ＣＤを聞かせながらのスタート。けっこう難しいことばもある。台本を持たせるという手もありそうだ。子どもは頭が柔らかいので、二、三回繰り返せば、あとは見なくてもいいはずだ。ぐるんぱ以外の表現、木になってその雰囲気を出す。「見ていてどうだった?」テューターは表現したことへの評価を求める。このあたりは「〇〇のやり方おもしろいよね。」「ほかにおもしろかったのは?」という流し方でもいいのだろう。

評価を求めるテューターに乗れないあや、ひで、遊び始める。またもやひで、椅子に乗り注意される。

17時50分〔キラキラポーズで終わりたくない〕

ＣＤがかかり、あっという間に進む。

「キラキラポーズで終わりたくない。」と言うテューターに賛同するなつ。

振り返りの時間。「寝転がっているところが楽しかった。」（あや）「最初に木が揺れるところ。」（けん）「たぬきがいなくて寂しい。」（りん）「木の工夫が必要。」（きこ）など、子どもたちが率直に語る。

18時10分〔グッバイ〕

テューター「来週までＣＤ聞いてきてね。……きらきらの場面を考えてきてね。」

「Good-bye」を歌って終了。

私がパーティ参観から視たものはなんだったのか。私の教室での実践と重ね合わせ自省しながらのコメントであった。

①子どもたちの「からだが語ることば」が垣間見えた。ひでの「疲れた。」りんの「忘れた。」（個性的なコミュニケーションをとる表現方法）あやの「寝転がっているところが楽しい。」（友だちとねることが楽しく、じゃれ合いたい「からだ」）など。子どもと関わる大人の仕事で一番大切なのは、彼らのからだから何を読み取るかということ。

②子どもたちの自主性、主体性を大切にするということはどういうことなのか。教えることと育てることのバランス感覚が重要。待つということの意味は何かを考えたい。

③子どもたちの活動のメリハリをつけるということ。座って聞く、立って動く…。静から動へ、動から静へ。

④すべての表現（動き）を子どもから引き出すのは難しい。ＣＤの活用はもちろん、ナレーターなどは台本を持たせることもいいだろう。読めない子への配慮は必要になるが。

⑤表現されたことへの評価の問題を考えたい。プラスの評価を多くする。やる気をなくすような評価（他者との比較、マイナス面の強調）は考えもの。極力、おもしろがる精神を大切にしたい。

私のパーティ描写や参観感想に前後しながら宇野さんや吉岡さんのメールが交錯し合う。

○宇野テューターの振り返り

―小学生がＣＤをあまり聴いていないのでイメージがことばとしてでてこない。最初のあたりの私の投げかけが子どもたちを迷わせる結果になっていると記録をつけながら驚いてしまった。

「やらなくてもいいんだよ」「絵本は気にしなくていいからね」あいまいで何を伝えたいのかわからないだろう。伝えたい言葉を投げかける難しさにあらためて反省。同じような事ばかり繰り返している自分が情けない。

福田先生と吉岡さんとのシェアの時間がとても貴重だ。いろいろと気づかせてもらえる。

子どもたちの振り返りの時間、あやのことば「ねころがっているとたのしくなる」を聞いて「ぐるんぱはたのしくなっていては困るなあ」と私は答えた。福田先生に『ねころがっているとたのしい』ってあやちゃんの正直な気持ちなんだよ」と言われて、「あっ」となった。ぐるんぱのことしか見えていなくて、目の前にいるあやの気持ちなんて飛んでいた。まだ四歳なのに。私は四歳に何をやっていたのだ。何を聞きだそうとしていたのだ。あきれる。思い出すと、あやとひではねころがって手をつないだりして遊んでいた。りんとも気持ち良さそうに遊んでいたのに、まったく頭の中が熱くなっていて自分の都合のいいようにしかみえていない自分がいた。

○吉岡さんから宇野テューターへ

最初の音楽のところを動いた後のやりとりで、りんが「ＣＤどおりに動くのは」とか、「涙のつぶになってとびはねる」、と言ったり、ぐるんぱになって大熱演したり……。これまで、私がみたりんのイメージと、少しちがっていました。この日、たぬきが来たことで、りんのテューターへの向き合い方も、ぐっと素直に、積極的になったのかなあ、と想像しました。

その後の、けんと宇野テューターのやりとりが印象的でした。

「どうしようか、なにもやらない」というテューターのなげかけに対して、けんは「いや、なにかやったほうがいいと思う」。「ぐるんぱの気持ちを表わしたいんだよね……。なんでもいいかな」「そうだよ。草でもいいしなんでもいい」

けんが最初、「なにか」と漠然と気持ちを伝えたことに対し、宇野テューターは「気持ちを表わしたいんだよね」と、みんなと確認したことやけんが感じているであろう表わしたいもの」について具体的に提示。そのうえで、それを表現するなら、どういう形でも(なにになっても)いいんだよ、と伝えていらっしゃいます。この、宇野テューターのうけこたえが、すごいな、と感動しました。

するとけんも「そうだよ」と、ちょっとふっきれたような感じに受け取れました。つぎの「ぼくは木がいい」と、少し前までの消極的な姿勢から一転、表現したいものが見つかったようすが伝わります。

宇野さんの記録はこの後も続々届くことになった。子どもたちの活動の様子が手に取るようにわかる、実に丁寧な私たちへの「報告」になっていて、次の参観の期待が高まるものだった。

●ある日のメール「主人公紹介」(参観三回目)

宇野さんからメールで送られてきた記録「テューターの振り返り」の中に子どもたち一人ひとりに対するコメントが綴られていた。これは私が学級学習発表会で発表した「主人公紹介」に類似している。同じことを宇野さんもやられていたのだ。一部を紹介してみよう。

○七月一日　テューターの振り返り

・りんは、草の上に寝ているぐるんぱを、遠巻きにしながらひそひそ話してみている象は絶対やりたくないといった。前回楽しそうにやっていたのに。「これはいじめなの」と私が問いつめたからだろうか。もう少し時間をおいてから彼とじっくり話してみよう。

・なつは、先週お休みしたせいか、最初やる気がなさそうだった。「おはなしにっき」を忘れたことも彼女のやる気をそいだに違いない。だが、だんだん、いつもの彼女に戻り、最後には、りんとの会話で前向き発言をしていた。英語も日本語もきちんとした発表をやりたい、という意欲にあふれていた。

・けんはぐるんぱのＣＤを今週は良く聴いて来ていたはず。自分からはそんな事は何も言わないが、身体も良く動き、他の子の日本語の語りで語尾の間違いなどを、ひとりごとのようにくちばしっていた。年中のころから、お話の気持ちをことばにのせたり、身体にのせたり、上手に伝えられる子だった。来週はもっとことばにしてほめてあげよう。

さて、この日の子どもたちの様子の詳細は省略させてもらう。そのかわり、考えさせられたことや課題について触れておきたい。

①異年齢集団の良さ、りんとひで、なつとひでなど、テューターの話を聞いているとき、絵本を視るときなどにひでを抱っこしている。本当の兄弟姉妹のようである。子どもを取りまく親密で柔らかい空間がここにある。

②ひで「ぼく〇〇をやりたい。」という発言がけっこう多い。やりたがる「からだ」がそこにある。表現の根っこはやりたがりのからだにある。

③動きがからだに入っている場面が多い。自分たちで作り出した動き、表現だから思い出すことができるのか。ほぼ全編が全員での身体表現のため、自分から動けない小さい子がいるのはやむを得ないことだろう。

④ナレーションが多い絵本（ラボ・ライブラリー）である。身体表現で貫くのは大変だ。どこまで子どもたちの発想を生かすのか、難しい課題である。

⑤誰が誰に何を言っているのかと問う場面は少ない。長老が象に言う場面ぐらいしかないか。語ることと聞くこと

が重要。ナレーションは誰に語るのかはしっかり考えたい。
⑥瞬時の評価（ことば）を大切にしたい。マイナスの評価よりプラスの評価を中心に。プラス面はマイナス面をカバーできることが多い。

●子どもの表現が丸ごと受け入れられるテーマ活動発表会（参観四回目）

宇野パーティ・テーマ活動発表会は七月十三日（日）、東村山市萩山公民館で開かれた。日曜の昼下がり、公民館の一室には宇野パーティの子どもたちや、その保護者たちが集まっていた。部屋の半分にはパイプ椅子が並べられている。残りの半分のスペースはラボっ子が演じる場所のようである。次のようなことをメモにとりながらの参観であった。

①いつまでも留まりたい心地よい時間と空間がそこにあった。
・ソング・バーズが始まると、そのうちにテューターにも参加を促し、みんなが歌い踊り出す。
・五年生二人の司会者が素敵だった。進行役のなつと、おもに感想でつなぐふみ。
・三年・十年の在籍表彰が良い。宇野テューターが子どもに「好きな物語は何」などとインタビューしながら、カードを贈る。カードには子どものプロフィールや長所などが書かれている。私の小学校教師時代の実践、学級学習発表会での「主人公紹介」と似ていて大いに共感する。
・テーマ活動発表会はまさに私の学級学習発表会であった。学級通信発行とともに最も大事にしていた活動であった。どのような表現も許容され、面白がる仲間が存在していた。
②この日のテーマ活動のラボ・ライブラリーと感想

＊『きょうはみんなでクマがりだ』（小学生三人）
＊『ぐるんぱのようちえん』（幼〜中学生六人）
　四つのグループの中では一番楽しんで身体表現していた。「踊りと遊びのところが良かった。」と言ったのは司会のふみか。的確な見方で脱帽する。しぐさがかわいくて、微笑ましい。ナレーター（なつ）が観客にきちんと語っていて良かった。ことばを届ける場面が数カ所あり、それぞれ頑張っていた。身びいきもあるだろうが、私としては一番おもしろかった。隣で見ていた元ベテランテューターにもうけていた。

　かなりの大作で、数回の練習で全編通すのは難しい。途中終了でも充分ではないか。
＊『ワフ家　月よう、おうちをたてた』（小学生四人）
＊『ランパンパン』（中高大生五人）
③その他のことで気づいたこと
＊会場づくり
　床に座るなどして、子どもたちの席を最前列にもってきたらどうだろう。参加者全員で集中して観るということで、さらに密度の濃い場と空間ができそうだ。
＊振り返り（評価）
　最後にそれぞれのテーマ活動の感想を求めたのはとても良かった。課題は若干に留めながら、「おもしろかったところ、良かったところ」を中心に、観た子どもたちが直接発表者に伝えるのも良いだろう。一作品ごとに交流したらおもしろい。
＊四つのグループを同時並行で指導している宇野テューターの力量は凄いものだと思う。

●宇野パーティの参観から視えたもの

宇野さんとの出会いで一番触発されたのは実践記録の書き方のヒントを得たということだった。彼女の「頭の中で子どもが動き出す」という表現がすべてを物語っている。実践記録の要素として、科学性と文学性とのほどよいバランスが意識されなければならないと思う。データ中心ではなく、むしろ文芸性が重視されなければならないと思うのだ。つまり指導者に子どもを語る姿勢が一番求められていると思うのである。

次に巧みだったのは、子どもたちとの交流、親との交流、つまりパーティづくり・人間関係づくりに長けていたことだった。パーティ活動とパーティ発表会（日常と非日常）のバランスが絶妙であった。

最後に、いただいた宇野さんのお手紙を紹介してこの報告を締めくくりたい。感謝しなくてはならないのは、参観者の私たちであった。

「福田先生、今回先生と出会えた事、ほんとうに感謝しています。やさしいまなざしとするどい視点、私も自分の中で少し整理ができたところ、確認できたところがいくつもありました。

子どもたちの何気ないつぶやきと、笑顔、だから私はラボが好きなんだなあと思います。これから発表、楽しみです。ありがとうございました。宇野」

Ⅲ テーマ活動「スサノオ」を創る―行松泉パーティの巻

●出会いはスローに（行松テューターインタビュー）

宇野パーティの発表会が終わって三か月がたっていた。またしても吉岡さんに連絡を取ってもらって、比較的我が家から近い、新たなパーティを紹介していただいた。川越地区の行松泉パーティだった。

二〇一四年十月十三日(月)、事前の話し合いは行松さん、吉岡さんと私の鼎談となった。

テーマ活動を『スサノオ』に決定したいきさつを聞いてみたら、これまで取りくんだことがなかったが、小学校高学年の男の子が希望したことから始まったという。

テーマ活動に取りくみ始めた頃、クラスごとに日本神話や日本誕生などについて調べてきた。さらに、現代の子どもは古い家のイメージがないため、難波田城公園を見に行ったという。行松パーティでは入念な下準備を経てテーマ活動づくりが始まるのである。しかし行松さんは、「どこでもやっていることでしょう。」と、こともなげにおっしゃる。

「子どもに任せる部分と、テューターが指導する部分をどのように区別しているか。」という質問に対しては、「ほとんど子どもに任せているが、話を聴くことについては厳しく伝えている。」と言う。

テーマ活動づくりの中で、子どもの何をみているかという質問に対しては、「物語の中に子どもが入っているか。」ということだという。加えて「子どもが思っていることを本気で言える関係性を、テューターと築けることを大切にしている。」と答えてくれた。

話を聞いているうちに、パーティ参観への期待がますます膨らんでいった。

●「集団指導体制」の存在（初めてのパーティ参観）

十月十八日(土)、行松さんとの出会いからほぼ一週間後、初めてのパーティ参観が実現した。時系列的に子どもたちの活動を追ってみよう。

16時07分〔二チームに分かれての場面づくり〕

パーティ活動スタート。小ホールに子どもたち四十人ほど。「思っていることを何でも言ってください。」という、リーダー的存在の大ちゃん（A）の一言からテーマ活動が始まった。行松テューターの「どんな発表したい。」という問いかけに「驚くような発表。」「おもしろい発表。」と遠慮がちな声が聞こえる。子どもたちから気持ちを引き出そうとする努力が感じられるが、ことばはすらすらとは出てこない。多少、見学者の存在を意識しているのかもしれない。

大学生の二人の男子（A、B）が子どもたちをリードしていく。どうやら今日は物語の最後の「霜月祭りの夜」の場面をつくっていくようだ。

「それでは二つのグループに分かれます。」Aのことばを合図に、二チームに分れて話し合いが始まる。

「この場面はどんな雰囲気?」「どういう祭り。」という問いに「静か。」という声が聞こえる。……少しの沈黙。小さな子からもいろいろことばを引き出そうとする意気込みが感じられる。幼稚園や保育園の子もいるので、話し合いを成立させるのは大変だ。

Bが「動いてみる?」と誘う。なるほど、小さい子たちにはまず動いてシーンを確認する方がわかりやすいようだ。それぞれ、リーダーらしき大学生を中心に場面を身体表現し始める。おじいさん、おばあさん、千吉の役決めをしているところもあり、竈、囲炉裏、塀など、決めているもよう。

部屋の隅で寝ている男の子、それを見守るお母さんらしき人。運動会があって発熱をしたという。体調不良でもパーティに駆けつける子どもの存在がここにはある。

行松テューターは時々子どもたちに気合いを入れる程度だ。大学生が集団指導している感じで彼ら同士の掛け合いが絶妙だ。

練習後、行松テューターに「テューターの役割は何か。」と尋ねたら、「子どもがテューターに気を遣わないこと。」と答えてくれた。

16時40分〔互いに見せ合い〕

二チーム、互いに表現を見せ合う時間になる。たいして話し合ってもいないし、動きを詰めている感じもしないが、ＣＤが流れると、子どもたちは家とか山とかそれらしく表現を始める。暗い壁をイメージしたグループに「なぜそう思ったの?」とそのときの思いを確認する行松テューター。囲炉裏などそれぞれつくっていたが「移動します。」の声で一回り広いホールにさっと移る。

17時00分〔さらに場面づくり〕

小ホール。囲炉裏、竈、家、山など、自由に作り始める。数人の高大生たちが二つのグループに張り付く。

17時30分〔全員で場面づくり〕

全員で木になるところからの繰り返しでリーダーの一言「物語の中に入ろう。」。

18時00分～20分　夕食休憩。この後、20時00分まで連続して練習。すっかり見学者の存在を意識しなくなっていた子どもたちだった。

ここまで見た限りの行松パーティのテーマ活動づくりの方法論と若干の感想を記しておこう。

①テューターを交えた中高大生による徹底的集団討議を元にした集団指導体制の存在がパーティを引っ張っている。

小さい子たちからそれぞれの考えや思いを引き出そうとする姿勢を大切にしているようだ。テューターは指導に入ることには抑制的に見える。

②幼児や小学生たちは身体表現が好きで、その子なりの表現を楽しんでいるようだ。「遊びたいからだ」がそこに

ある。彼らにとって自由で開放的な時間と空間なのだろう。

③表現の秀逸さ

〔木の造形から始まって木で終わる表現〕スサノオ、パーティ、大学生の成長を重ねている。

〔河の流れ、八岐大蛇……〕迫力満点の表現だ。

④「物語の中に入ろう。」ということばかけは、場所、時代、人物、事件など物語の状況設定を想像するということか。難波田城見学、ネットで古事記を調べる活動などが大いに役に立っているのだろう。

⑤予定調和の段取り芝居にしないということが感じられる。決められていることをただこなすだけというのではなくて、今ドラマが起こったという意識で演じることが大事だ。テーマ活動は一回性の身体表現芸術であるということ、その瞬間の交流を楽しむという感覚が必要だ。つむじ風が起こってから次の場面に移るということを、リーダーがきちんと指摘していたのにはびっくりさせられた。

私の一回目の参観感想に対しての吉岡さんのリアクションがテーマ活動の本質に迫る。

『集団指導体制』が、一方的な『指導』に終わらない理由が、垣間見られたように思います。そのひとつが、幼児や小学生たちが『遊ぶからだ』をもっていること。これは、行松さんが、彼らが幼い時から育てられたこと。そのあたりも、お聞きしたいな、と思いました。

『物語に入る』ということも、単なる一方的な指導にしない所以なのでしょう。物語のなかは年功序列ではなく、大きな子が、小さな子より優れているという図式もなりたちません。

『予定調和の段取り芝居にならないこと』『テーマ活動は一回性の身体表現芸術』ということばも、その通り、と思いながら、それを実現する難しさも感じています。」

三者の共同研究で発見できることは数多い。

●テーマ活動づくりの中のドラマ（二回目の参観）

十月十九日（日）、二回目の参観は場所の変更もあり、バイクで道に迷って三十分遅れで到着。練習は18時00分〜20時00分の予定通りだ。

18時30分〈巧みな集団指導体制〉

ヤマタノオロチのしっぽの表現をどうするかについてみんなで思案中だった。「大きい子たちがやってみる。」ということで迫力ある表現に対して「どうだった？」「かっこよかった。」という会話が印象的だ。大学生のリーダー格の子はいるが、どうやら、それぞれの高大生が気づいたことを畳みかけて提起していくという構図である。その畳かけのタイミングがかぶらずに絶妙だ。

19時15分〈なんと、休憩は一分〉

「もっと小さい声の方が聞いてくれるのかな。」というような大学生のつぶやきも正直に漏れてくる。確かに年中から大学生までの異年齢集団をリードしていくのは容易ではない。彼らは指導者としての資質も学んでいくのだ。実に貴重な体験といえる。

「八つの尾で八つの門をたたき、八つのおけに八つのあたまをつっこんだ。」

ナレーターが大きな声でしっかり語り始めた。むしろCDがなくなったためなのか。今までの練習は動き中心のお芝居だったので声が懐かしい。

「しゃべらないで。大きい子も小さい子もしゃべりすぎ。」という女子リーダー。

「難しい話するね。……神様になってほしい。」と男子リーダー。本番にこのことばが生きてくることになる。

練習終了後、行松テューターに質問する。子どもたちはまだ帰らないで残っているのに気軽に応じてくれた。インタビューをおおまかにまとめておこう。

①前日の練習後、二時間、本日練習開始前、五時間、中高大生と話し合いをした。……どうやらこの徹底した集団討議がここのテーマ活動づくりを支えているのは間違いないようだ。

②初めての神話の取り組みだが、作者・谷川雁の思いが強すぎて正直やりにくい。やりがいとしては他の物語とあまりかわらないと言う。

③CDをあまり聞いてこない子には「家庭訪問指導」も行う。「鬼と呼ばれている。」と苦笑いする行松テューター。全員の表現を充実させたいという姿勢でもありそうだ。

もう一回練習して、あとは本番ということになる。

●最高級のテーマ活動（テーマ活動発表会）

行松パーティの参加する北関東信越支部テーマ活動発表会は十月二十六日（日）だった。（さいたま市民会館おおみや、12時30分～16時30分）

開会セレモニーでは、実行委員の子どもたちやテューターの話「想像する力、表現する力、物語る力」や「見ている人も盛り上げて……」ということばが印象的だった。

見応えのある演目が続く。

○ソングバード・ナーサリーライムひろば（幼児から小3）

○『雪渡り』大宮地区、久保史子パーティ

行松パーティー『スサノオ』の発表
（上）スサノオや発表している子どもたちの成長を御神木として表現
（下）女の子をからかいはやす子どもたち

○『かえると金のまり』川越地区、神奈川かつえパーティ
○『ゴロヒゲ平左衛門・ノミの仇討ち』浦和地区、松本春子パーティ
○『グリーシュ』川越地区、野田真弓パーティ
○『わだつみのいろこのみや』浦和地区、野原由江パーティ

そして最後の演目が待望の行松泉パーティの『スサノオ』(川越地区)だった。
見る者に息をもつかせない「最高級のテーマ活動」が完成したと私には映った。私の考えるテーマ活動の要素の二本柱（ことばと心の受け渡し＝誰にどんな気持ちを届けるのかということ、集団表現＝群舞）の視点でこのドラマをスケッチ的に俯瞰してみよう。

A ことばと心の受け渡し＝誰にどんな気持ちを届けるのかということ（台詞、ナレーション）

・ナレーションがとても聞きやすく、心にすとんと落ちる。ナレーター三人、練習よりもかなりしっかり語っている。
・村人、千吉とおばあの交流がある。姉神、正面劇であるが、迫力があり、周りの反応がいい。スサノオと村人のコミュニケーションは十分だ。
・全般的にことばがはっきり届き、交流があり、さらにドラマを感じる。

B 集団表現＝群舞（背景、物語の流れ、登場人物の心象風景……）

・最初の木の表現は視線がばらばらで散り散りに去る。それが見るものになにかを様々想像させる。
・スサノオが泣く表現がすさまじく、とても印象的だ。神らしくて、決してオーバーには見えない。
・イズモの肥の河の流れの表現が一転して繊細で優美だ。

・大蛇の表現の迫力は秀逸。本当に血が流れたのが見えた、と錯覚するほどだ。
・一転、山の初雪、動から静へ、また動へ。物語の力がある。そして、成長のシンボル、木へ。
・物語の終焉、ＣＤの効果。ＣＤの使い方が巧み。最後は静かに静かに、余韻を残し終了。これまた、物語の力。
それを選んだ子どもたちとテューターが素晴らしい。

○『スサノオ』に感応した吉岡さんのコメント

最初の「舞へ　舞へ……」のうたで、最初の鳥肌がたちました。

うまくことばで表現できないのですが、一人ひとりが心からうたっている、ことばを発している、という雰囲気にじーんとしました。

福田先生がおっしゃってくださっている「心とことばの受け渡し」は、随所にみられました。千吉とおばあさん姉神とのやりとり、あしなづちたちとのやりとり……。

私が、いちばん印象的だったのは、一人ひとりが「自立」して表現していたことです。

たとえばスサノオ役のふたり。とくに小学生の子に注目していたのですが、彼が、まったくもうひとりの大学生スサノオに頼ることなく、いい意味で合わせることなく、自立してスサノオだったことです。

テーマ活動の発表では、一役を複数の子どもが表現することもすくなくありません。

その時に、いい意味ではなく、みんなが合いすぎていたり（たとえば、ことばを言いながらの動作が「振り」になっているように見えたり……）、どちらかに頼りすぎていたり、ということが見られることもあるのですが、今回の「スサノオ」では、まったくそれが見られず、とにかく一人ひとりが自立していたことに感動しました。

どんな小さな子でも、です。きっといちばん小さく、ときに大きな子のひざに座っていたのはゆうくん、彼も例外ではありませんでした。そして、他のみんなも、彼を自立した一人として受け入れている（手をひいたり、おぶったりしていない……〕ところもいいな、と思いました。
いくつも印象に残っている表現がありますが、肥の河をはしが流れていった表現です。はしが流れてこなかったら、スサノオの運命も大きく違っていた、とても重要な「はし」。それを、大げさではなく、表現としては、みんなが順に手をすっとあげるだけなのですが、そのタイミングと、全体の雰囲気が、絶妙でした。

吉岡さんの個を見つめる眼、固有名詞を語る視点が素敵だ。

●「闘い終えて」の総括

発表会が終わってから二週後に三人で事後の話し合いをもった。（十一月十日）内容的には〔テーマ活動づくり〕〔パーティづくり〕の二点だが、簡単には結論が出ないものばかりだ。

この日、行松テューターは、丁寧な実践の記録を用意してくださった。【行松パーティの構成とパーティ状況】から始まって、【はじめに】【スサノオの導入の頃】【スサノオ役決めオーディション】【イメージの共有】【オーディション後の子どもたちの様子】【一番表現に困ったヤマタノオロチ】【最後に伝えたい表現】【おわりに】と続く労作レポートだ。（２０１４ラボ・パーティ北関東信越支部テーマ活動発表会 資料集）

ここには〔テーマ活動づくり〕の大きなヒントが書かれていた。とりわけ【イメージの共有】【一番表現に困ったヤマタノオロチ】【最後に伝えたい表現】は、表現を巡ってラボっ子たちが試行錯誤する姿である。一例だけ取りあげてみよう。

【イメージの共有】

今までは音楽に囚われ過ぎていたのではないかと改めて考え直し、スサノオのテーマは何か、スサノオの物語を通して何を表現したいかを話し合いました。

私は作者の谷川雁がラボっ子たちに神話のものさしを大事にして生きてほしいと願っていたこと、この『国生み』全体はマイナスからプラスへの反転の物語であること、死と再生の甦りの構造が日本神話の基本と考えていることなどを伝えました。色々考え貫きこれまでの話し合いで何かシンボルを表現したいと残った全員が考えました。

＊オープニングの音楽の表現

・テーマを総括した何か……箸、川、山、空、剣、洞窟、神（柱）＝木

・伝えたいこと↓スサノオの成長だけでなく行松パーティの成長↓若ものの成長↓ラボっ子、自分たち↓一人ひとりの成長

・強く生きる＝雨風（葛藤）を受けながら成長する木

・御神木が成長

・心情でやりきりたい気持ちがある

この話し合いから行松パーティ全体で一つの大木を表現することになりました。小さい子たちは根っこを表現しどんな災害が起こってもそれに屈せず力強く生きていくたくましい大木です。そして大木から精霊に変わっていく表現になりました。これは、行松パーティの一人ひとりの成長を強く意味している表現となりました。

【最後に伝えたい表現】

一つは「スサノオの苦しい旅は終わった」という言葉はスサノオの成長でもあるので、それを表現するために

はもう一度オープニングでしたあの大木を作ろうという大学生の言葉で成長したスサノオをイメージしながら大木を表現しました。

二つめは霜月祭りについてですが、発表一週間前になっても最後の表現が考えられていませんでした。そこで十八日（土）の合同練習後と十九日（日）の合同練習前の午後から集まり霜月祭りやおじいさん、おばあさんの唱える言葉の意味について話し合いました。

・無病息災…《湯立て》
・五穀豊穣…《湯立て》
・神を迎え入れて魂を鎮める
・森羅万象
・輪廻転生
・循環…流れ、よどみない

このような言葉が浮かび、何もないことの幸せ、自然と共に生きること、畏敬の念を抱くことなど忘れてはいけないと感じた話し合いになりました。しかし表現を考えると余りにも目に見えないものばかりで何を表したらいいか話が何度も中断してしまいました。静かな雰囲気で澄んだ空気、自然との一体感を感じるような表現にしようとなり、千吉の家の遠くに山々が見え、静かに川が流れているようなそんな自然のなかで暮らせる喜びを表すことになりました。

おばあさんが唱え終わるころ、木や花や草が生まれては死に、死んでは生まれる様子を表しその周りには目には見えないけど精霊があちこちにいるような表現になりました。そして最後の最後は静かな山々があり静かに川が流れているところでおばあさん、おじいさんは静かに平安や静寂を祈っている表現になりました。

この文章を読むだけでも徹底した討論が繰り広げられていることが想像できるだろう。

さて、次に、行松実践をより深く考えるための参考文献を紹介しておこう。

・「スサノオの変化とともに成長できた子どもたち」やぶつばき、『雲よ』一号

・「がらんどうがあった」『谷川雁―永久工作者の言霊』松本輝夫著、平凡社新書、二〇一四年

最後に、行松パーティのテーマ活動を支えている〔パーティづくり〕を覗かせてもらう。「行松パーティ七カ条」の一部の紹介である。左掲の①は何でも言えるクラスであり、②はその前提として「聴く」ことを大切にしている。これはまさに「ことばと心の受け渡し」にほかならない。③は一人ひとりを大切にするクラスづくりということになるだろう。例えば小中学校の学級づくりといかに類似しているか、元小学校教師としては感慨深いものがある。

〇行松パーティ七カ条

①心も身体もひらく

子どもたちが私に対して何でも言えるようなクラス作りを心がけています。本人自身の事だけでなく、学校であった出来事や家庭でのことを話したいと思うように雰囲気作りをします。（略）

②メリハリをつける

皆の前で私や大きい子たちが話すときはアイコンタクトをして話はしっかり聴くことを大切にしています。静かになってから話をします。（略）

③個人と向き合う

テーマ活動の発表の時にはラボっ子一人ひとりが達成感を味わえるようサポートをします。英語の音が時々

聴き取れない子たちがいますので、その子たちの家庭訪問をして一緒に英語の聴き取りをします。（略）

④あくまでテューターでいる

テューターの立場としては教えることはしないと思っているので、出来る限り質問で言葉を投げかけるようにしています。特にテーマ活動の場合、正しい答えがあるわけではないため、どんな言葉でも一旦受け入れ、その言葉はどうしてイメージしたかを尋ねます。どんな事を言っても大丈夫と思ってもらえるようにしています。

⑤保護者（母親）との信頼関係を大切にする（略）

⑥オヤジたちの力をかりる（略）

⑦命令しないよう高大生に伝えている（略）

Ⅳ ことばとからだのハーモニー――高橋義子パーティの巻

●すでに間接的な出会いが…（事前打ち合わせ）

宇野パーティと行松パーティ参観を終えて私の中には満足感、充実感が広がっていた。ともにラボ・テューターとして脂がのりきっているお二人だった。しかし、そのパーティづくりやテーマ活動づくりはあまりに個性的で対照的だ。さらにテューターに対する興味が湧き、許されればもう一か所、参観をお願いしたい、そう吉岡さんに頼んだのだった。程なく連絡があり、八王子市南大沢の高橋義子テューターを紹介された。

二〇一五年三月十日、高橋さん、吉岡さんと私の鼎談が実現した。

高橋さんはベテラン・テューターで、二〇一〇年、十一年には東京支部の代表を務められている。

まずはパーティ参観と発表会参観のお願いをする。

・三月十日（火）事前打ち合わせ
・三月十四日（土）パーティ参観①
・三月二十二日（日）パーティ参観②
・五月六日（水）パーティ参観③
・五月十日（日）東京支部テーマ活動発表会（日野市民会館）
・五月十六日（土）総括の話し合い

ここで高橋さんにいくつかの質問をしてわかったことがある。

演目の決定は一月から二月はじめにかけて、小さい子の意見も聞きながら三つの物語（『オバケのＱ太郎　ひとりぽっちのドロンパ』『不死身の九人きょうだい』『ふしぎの国のアリス』）の比較検討をした。最終的には『オバケのＱ太郎』に決定する。二月はじめから三月はじめにかけて、オーディションなどで役決めをしたが、そこでは演技力だけでなく意欲も大切にしたという。

いわゆる演技指導については中高大生が主に担うようだ。父母との連携行事としてはマザー・グースの会（主に母親参加）やファミリー参加行事があるという。

尽きない話の最後に、高橋さんから嬉しいサプライズ話があった。私はすでに彼女と間接的に出会っていたのだ。二〇〇八年、狛江でラボの高学年発表会があったときのこと、多摩地区の「雪渡り」に心を奪われて、次のように『ラボ・パーティ研究』（21号、『実践的演劇教育論』晩成書房、所収）に書いた。

「台詞の言い方が良い。きちんと相手を意識してことばを伝えようとしている。周りの者もそれにしっかり反応している。つまり劇的空間、フィクションの中での応答関係が成立していることになる。ことばと心の受け渡しだ。

出演者の配置も良い。子どもたちで演出まで考えることが多いという説明を聞いて、今回もそうであれば、たいした力量を持った子どもたちである。演劇的、身体表現的センスは抜群である。（中略）

群舞がすごかった。『踊りたいからだ』『表現したくてしょうがないからだ』がそこにあった。リズム感がたっぷりだ。楽しくてしょうがないからだと心の群舞だった。」

この出演者の中核を高橋パーティのラボっ子が担っていたというのだ。ますます参観が楽しみになっていった。

●試行錯誤・テーマ活動の出発（初めてのパーティ参観①）

三月十四日（土）、第一回目のパーティ参観の日だ。参観は吉岡さんと私の二人。入室したときには中高大生、テューターが打ち合わせを終了したころだった。さっそくパフォーマンスが始まる。

16時02分〔身体表現のウォーミングアップ〕

幼児登場とともに、「こけこがないたら、よがあけた。」と、キャンプソングがスタートする。大学生が巧みにリード。十数人のラボっ子が来て、本格的にウォーミングアップが始まったようだ。オバQの歌、Q太郎の飛ぶポーズ、「おばけのQちゃんがかぜひいた」などの替え歌をみんなで楽しむ。

16時15分〔舞台設定のイメージアップ〕

二人の子が、鉛筆や色鉛筆で物語の舞台を想像して描いてきたのを発表する。発表者と対話しながら舞台設定のイメージアップをはかっているふうだ。

16時30分〔土管のある広場づくり〕

中高大生のリードで土管のある広場づくりが始まる。ある一場面の舞台の背景になるもよう。２組に分かれ、それぞれに中高大生がつく。

16時40分　〔ドロンパが吠える場面〕

「中高大生がやるから見てて。」と、なかなかの迫力。幼児、小学生びっくりで、良い刺激になる。場面づくりは中高生が主導、テューターは小さい子の面倒を見ている。いつの間にか、母親が二人見学している。「やーい！　アメリカオバケ！　アメリカへ帰れ！」の場面だが、「どんな気持ちで集まってくるのかな。」と大学生が問うと「むかむかの気持ち。」という声。

〈七分間の休憩〉

中高大生集合して「作戦会議」。「小さい子はどこをやっているかもわかっていない。」「やってみよう、全部。」「流してやってみよう。」「できてないところをあとで補足しよう。」と確認する。

17時10分　〔再開、ＣＤを流しながら場面をつくる〕

ＣＤの力で物語が流れ始める。大学生同士の話し合いもあり、まさに試行錯誤。各場面をつくり出す産みの苦しみか。

17時50分　〔集合して、まとめの話し合い〕

18時10分　〔中高大生のミーティング〕

「場面の流れがわかっていない。」という提起に対して、「中高大生が率先して動かないと進行しない。」という発言があるが、「高学年生の焦りが伝わるのはいやだ。」という、一見対立した意見が出て、シビアな話し合いになる。

この場面を吉岡さんは次のようにメールに綴ってくれている。

「また、中高大生の真剣な話し合いに立ち会えたことも、貴重な体験でした。あれほどまでに、彼らが主体的に関わり、だからこそプレッシャーを感じたり、焦ったりしていること、とても印象的でした。

そして話し合いのなかで、

・小学生たちにも緊張感をもって参加して欲しい。ときには怒ってもいい。

・怒るのではなく、自分たちが真剣にテーマ活動に向き合う姿を見せなければ。

右記の意見が、いったりきたりするのが印象的でした。本当に、彼らは学んでいるなあと。貴重な体験をしているなあと、思いました。」

初めての参観で私には何が垣間見えたのか。

①高橋パーティの社会力

合同パーティでは、テーマ活動を主導するのは中高大生で、テューターはあくまで補助というスタンスで幼い子の面倒を見ている。長いテーマ活動づくりの中で、中高大生がリーダーとして育っているのだろう。

中高大生のミーティングで、本音をぶつけ合っている姿が尊い。どのようなことばが、どのような言い方が小さい子たちに届くのだろうか、これは永遠の課題だ。

幼児たちを面倒見る中高大生の優しさが際立っている。

②ラボ共通の課題として

『オバケのQ太郎』は漫画特有の場面転換の多さがあるが、物語ごとの特性を考える必要が当然ある。今回のように、場面ごとの集団身体表現を創りあげてから登場人物の交流が成立しているかを考えることも当然あっていい。

「ことばと心の受け渡し」の指導を充実させる必要がある。「やーい！　アメリカオバケ！　アメリカへ帰れ！」の場面のように。

③ 身体表現のウォーミングアップ、舞台設定のイメージアップの実践に感服。子どものリズムと生理を常に考えることが貴重だ。

●発展途上・テーマ活動進行形（パーティ参観②）

参観二回目のパーティを覗いてみたい。
三月二十二日（日）、同じ会場、十五時から十八時の予定でスタートする。

15時02分　〔身体表現のウォーミングアップ〕
十数人のラボっ子が参加、中心になる大学生は数人である。お母さんが一人見学だ。
使用済みカレンダーの裏に歌詞が書かれている。この後もたびたび、この「カレンダー作戦」が展開されるが、黒板もない部屋では有効だ。ソングバードは大きな声が出ていて「いい感じ。」とすかさず大学生の合いの手に雰囲気が盛り上がる。

15時08分　「今日はみんなで最初から動きます」
中高大生の集団指導体制だがやはり大学生が中心。全体練習初期なのに絶妙なコンビネーションだ。この日は全員の身体表現活動の流れを確認することが目的のようだ。役、台詞の指導は終了後に行うという。

15時40分　〔めまぐるしい集団表現の変化〕
土管→塀→襖→屋根→風→……、めまぐるしい場面確認はカレンダー作戦が有効だ。異年齢集団の中の子どもたちの安心感ゆえか、活動に参加しないで最後は高橋テューターの側で寝てしまう幼児が一人。

15時50分　〔音楽ＣＤの力〕

欠席も多く、場面を作るのも大変そうだ。うまく低学年の子どもたちを引っぱっている中高大生とテューターの力量を感じる。時折「中高大生が考えてきたので見てください。」という場面もあった。集中して聞いている幼児、小学生たち。前回の反省が生きているのか。

ドロンパの台詞「あんな勇敢でスマートで、誇り高く立派なオバケはいないよ！　そこへいくとおれなんか、乱暴でいじわるでずうずうしくって……不細工な顔で大食らいで……」の勇敢・スマート・誇り高く・乱暴・不細工・大食らいをグループ表現する。

16時30分　〔子どもたちの疲れ、届いていることば〕

「チョーいい感じ。」と大学生が評価したとき幼児、小学生たちの表情が変わる。怒るより誉める作戦が有効だ。ことばはどんなとき相手に届くのだろうか。歌の場面で元気に歌い出す男の子たちだった。

17時07分　〈疲れた子どもたち、八分間の休憩〉

若干の中高大生ミーティングがあった。

17時15分　〔再開はゲームで〕

遊びの要素をどうテーマ活動に盛り込んでいくのか、大きな課題だ。

17時20分〜18時00分　〔ＣＤを流しながら終わりまで通す〕

この時期としてはかなりできあがってきているといえる。この後パーティ合宿やオーディションに向けた練習も組まれているのだから。

帰宅後、高橋テューターにいくつか確かめたいことをメールで質問した。

①開始前の中高大生の打ち合わせの様子

二時から六人で最初からの確認をする。考えてくることになっていた案を再度詰めて、みんなに提案できるように表現してみた。今日のタイムスケジュールの確認をする。

② 全体練習後の台詞の練習

誰が誰に言っているかも考えながらことばのキャッチボールをしていった。今回はナレーションがなく、役のみなので、中高大生たちは自分たちで何かの役になり、一緒にことばを言えることを目標に決めている。

③ 練習中にテューターがしきりにメモしていたこと

カレンダーの裏に子どもたちの立ち位置をメモしていた。今回は場面転換が早くて多いので書いておいた。参加できていない大きい子たちが把握できるようにというものだ。

このとき、メールの最後に高橋さんは次のように書いている。

「先が見えなかったのですが、少し見通しがついてきました。ただ何度も全体を通すと必ず、『なんかしっくりこない』ことが起きてきます。そうなるとお話全体を見直して再度話し合いをしていく作業が続きます。まだまだですが、あきらめずにいたいなと思っています。」

●練習過程・テーマ活動の進化（高橋テューターの記録）

初めての打ち合わせの時に、高橋さんにお願いしたことは、参観した三月二十二日以降、発表会までの合同パーティの様子を簡単に記録してほしいということだった。以下はその抄録である。なお中高大生グループは、練習の前後にミーティングを持っている。

○三月二十九日（日）　15時00分～18時00分

14時00分　練習前に中高大生ミーティングで修正点などを確認する。

15時00分　最初に修正点を知らせることになる。
・神成さんの家から大原家への移動、ふすまを破る場面など。
・ゴジラにばけているドロンパがゴジラ父に怒られるところ。

○三月三十一日（火）　合宿一日目、高尾の森わくわくビレッジ　10時00分～20時00分

10時40分・よっちゃんがゴジラ父に叱られるところの場面。
・歌の振り付けを考える↓見せ合い↓お互いに改良案を出す↓再考↓完成
14時25分　一回普通のCDで通し。
15時50分　音楽CDで通し。
19時30分　今日上手くいかなかった表現をやる。役の子たちのセリフ合わせ。

○四月一日（水）　合宿二日目、高尾の森わくわくビレッジ　9時00分～16時50分

9時00分　オープニング&土管を改善する↓休憩をはさみゴジラの家、ゴジラに化けたドロンパが話をするところの、頭に描いたものを表す通称「モクモク隊」の表現などを詰める。
13時15分　確認。
＊ここで卒業二年目のOGがサプライズで様子を見にきてくれた。みんな大喜び。
14時00分　音楽CDで通す。
＊先輩から、「ちょっと元気ない、音楽を生かし切れていないよ、もっとはちゃけて！」などとのコメントをもらう。社会人となっても来てもらえるなんて、有難い！
15時30分　終了

＊私と一緒に帰る小学生もいるので、その子たちの面倒をＯＧがみてくれた。

○四月四日（土）　14時00分～18時00分

やっとここまで来たとの思いである。まだまだつめきれていないところや、表現を変えたいところが多いとの意見が出ているが、なにしろ今日も部活や家の用事などで休む子が何人もいて本当に揃わないのが悩みだ。

Ｑちゃんはナレーションがないので、表現と役でどれだけその世界を表せるかが決め手となる。もっともっとお話にぶつかり、楽しんでほしい。

○四月十八日（土）　16時00分～18時00分

発表会出演合格のお知らせに大喜びしたものの、この日の合同はふわふわしていてとてもまとまりがなかった。水曜日の中高大生クラスもなんとなく「やらなきゃ」という気持ちとほっとして「少しリラックスしたい」という気持ちが反映されていて（大学生が一人ほかの地区からの異動でパーティ見学にきていたことも影響していた）のんびり、ゆったりだった。

この日の最後にリーダーが「こんなががやがやした状態はまずいよ、来週はもっとしっかりやろうね」と発言。

終了後のミーティングでペアの子へ大きい子の思いを伝えたら、という意見が出て、しょうちゃん、よっちゃん役の子へお手紙を書き、それを私が手渡すことになった。

○四月二十五日（土）　16時00分～18時00分

少しは危機感が出てきて「しっかりやらなきゃ」の気持ちが増えていた。まだまだペアになっている役の年少の子が自立していない感がある。これはＣＤの聞き込み量と、やはり言葉が自分のものになっていないからだと思う。

ここにきてナレーションのないお話の難しさを改めてリーダーたちは感じている。最初に決めていた表現は練り直しになり、オープニング、最初の場面、ゴジラたちとの戦闘シーン、空き地にある木などが変わった。

私はもっと言いたいこともあるが、なるべく言わずにおこうと思っている。オーディションの前日のような雰囲気に持っていけたら大丈夫だと思う。あと合同練習は一回しかなく前日をリハーサルとしているので、これからの詰めをどれくらいリーダーたちができるかになっていくと思う。

この手記には、異年齢集団としての高橋パーティがテーマ活動に真摯に取り組んでいる様子が浮き彫りにされている。

●集団の身のこなしと台詞の迫力（パーティ参観③）

五月六日（水）、一か月半ぶりのパーティ訪問となった。（13時00分～15時30分）

予定の一時に練習会場に入るが、実際はまだ午前の部の続きといったところで、通し稽古の最中であった。練習終了まで、部屋の隅で参観することにした。それにしても前回訪問時とは比べものにならないくらいの迫力ある台詞が聞こえてくる。それもそのはず、前回は三月二十二日でひと月半も前のこと。この間、市民センターでの練習のほかに、合宿での練習を重ねている。そして、その成果が確実に表れオーディションに合格し、東京支部のテーマ活動発表会への出演が決定していた。

参観し始めてから十数分たっただろうか、通し稽古が終了してランチタイムとなる。

「これからお待ちかねのご飯だ。」大学生の合図で昼食が始まる。ラボっ子、二十数名が車座になり、みんなにこにこお弁当を広げる。

食事が終わると、小さい子は息抜きの裸足でのかけっこ遊び。

一時四十分に練習が再開されるが、この日は三回の通し稽古に終始した。

特徴的なこと、気づいたことなどを書き留めた。

①集団指導体制の充実。

練習中にテューターの助言は一切なかった。全体を見ている女子高校生が、小さな声で立ち位置を注意する程度。もうかなり出来上がっているので、だめ出しはほとんどなく、音楽を止めることなく劇は進行していく。出演している大学生が脇からのだめ出しをすることもまれだ。

出演しない高校生が、通し稽古が終わってから「ダブルの役の子はもう一人の子の動きなどをよく見て研究してね。」とか、始める前には「楽しんでやって。」とかの助言をすることもあった。

②台詞の迫力が前回の参観より数倍増している。これは単に「大きな声を出して！」という指導からは出てこないことだろう。誰に声を届けるのか、どんな思いを届けようとしているのか、ということを強く意識するなかで、つやのあるはっきりした声が響いていくのであろう。台詞の交流はかなり成立している。

③複数で声を出したり、踊ったりするシーンの圧倒的な迫力にびっくりさせられた。(「ようし　みんな　よっく聞きな　いまから　おれたちゃ　仲間だ……」という歌の場面や決闘場面などが迫力満点で秀逸)

おびただしい集団身体表現の切り替えがなぜ可能になるのか。中高大生の率先した動きと、他者に指示されないでも動こうとする全員の気持ちのありようがそうさせているのではないか。

クスッとさせられる微笑ましい身体表現も数多く見られた。

④今回の練習は、一回性の表現活動ということ、完全な繰り返しはあり得ないということ、この場を生きるという

こと、この場の交流を楽しむということ、私からはそんなふうに視えたのだ。

すかさず椅子を持ってきてくれたり、お菓子をさっと差し出してくれたり、実にやさしいラボっ子たちであった。

テーマ活動発表会では、さらにはじけた子どもたちが見られることだろう。

この日の活動の感想を高橋さんに送ったところ、以下のようなメールが早速届いた。

「お昼を一緒に食べたり、遊んだりしたからか、小さい子たちがよく最後までやれたと感心しています。ここにきて年長さんの子に年少さんの面倒を見ようという気持ちがうまれつつあり、それは私も大学生もびっくりでした。子供たちは成長していくのですね。改めて感激しました。

十日に来られないからとOGが差し入れを持参で見にきてくれましたが、代々そういう子達がいてくれるのも、現役の子たちにはうれしいことです。」

さらに、私の返信も読んでもらおう。

「ラボ活動はさまざまな条件の下で展開されているのだということがあらためて理解できました。異年齢集団の良さと難しさ、子どもたちのさまざまな個人的事情など、テューターはまさに『考える現場人』（村田栄一）でなければ対処できないのでしょうね。敬服しています。発表頑張ってください。」

●心ふるえる表現と演技（テーマ活動発表会）

五月十日（日）の昼過ぎ、東京支部テーマ活動発表会の会場、日野市民会館大ホールは多くの出演するラボっ子やテューター、保護者、開催関係者たちで賑わっていた。

テンポが良く、演出力たっぷりの中高大生実行委員の司会進行が発表会を否が応でも盛り上げてくれている。初

高橋パーティー『オバケのＱ太郎』の発表
（上）ドロンパがゴジラになりすます。
（下）「やつのともだちは おれのともだち」の歌で踊る。

めて見るカントリーラインダンスや二人の「素語り」、ラボ・ライブラリーの白眉『スサノオ』、私が以前から注視している佐藤公子パーティの『ギルガメシュ王のたたかい』など、見所満載だ。

そうした中で異彩を放っていたのが、高橋義子パーティの『オバケのQ太郎』だった。数日前の練習時よりメンバーも揃い、広い舞台を縦横無尽にのびのびと舞い、演じきっていた。ある完成されたテーマ活動のかたちがそこに存在した。

三点に絞ってみる。

①集団身体表現が豊か

場面転換が頻繁な『オバケのQ太郎』であるが、実にスムーズで違和感がなかった。初期段階から合宿などを経て試行錯誤し、力を入れてきた成果が出ていたといえる。とりわけ集団ダンス、喧嘩、屋根などの場面が、全般的に楽しくて、小気味よい。テューター・リーダーグループ・幼い子たち・先輩たち・保護者など、まさにチームワークの成果がここに結実していた。

②台詞が素敵に聞こえた

登場人物の台詞がクリアだった。とりわけ英語がきれいで、はっきり聞こえてきたのは、それぞれ誰に、どんな思いを伝えるかが明確だったからだろう。

さらにその役としてしっかり台詞を聞いている場面が多かった。(頷き、反応など)二人同時に言う台詞が秀逸。相手に合わせるのでなくて、それぞれがしっかり表現することによって、グループとしての思いが見ている観客にも届いてきた。

③主体性を大切にする指導が垣間見られた

幼児もしっかり劇についていっていて、仲がいいんだろうなという雰囲気が伝わってきた。テューター・リーダーグループの役割が明確になっている。

●『オバケのＱ太郎』を振り返る

テーマ活動発表会の一週間後、高橋テューターと吉岡さんを交えて、今回の実践について振り返る機会がもてた。私の感想に即して高橋テューターからさまざま答えていただいた。

まずはテーマ活動独特の、出演者全員による集団身体表現についてである。あるときは山や川、塀になり、時には登場人物の心情を表現するが、これをラボでは「背景」と呼ぶことが多いそうだが、吉岡さんは「身体の語り」と表現した。（竹内敏晴流にいうと「からだの語り」か。）

「からだの語り」で高橋さんが大切にしていることは何か、という問いに対して、子どもたち全員が自分から進んで表現する、率先して表現するという答えが返ってきた。他者から言われてやり、指示されるのではない、能動性を求めているようだ。

この活動で重要なのは高大生の「集団指導体制」が鍵になる。ラボではテューターはなるべく口出ししないことを原則にすることが多いようだが、そのときに重要になってくるのが高大生の役割である。そうした子どもたちを高橋さんはどう育てようとするのか。

どのようにテーマ活動を創っていったら良いのかという話し合いには、当然のことながら、テューターは積極的に参加し、一緒に考えるという姿勢が大切という。次のようなことばが印象的だった。

「話し合いの時は、私の考えはもちろんありますが、あくまでも主体はこどもたちなので、時々『そうかな?』と口をはさんだり、『しっくりしないとこ、ない?』とか言ったりして再考してもらうようにもっていきます。あるいは、一度話し合いきめた表現などを実際に動いてみて『やはり違う』と感じてほしいなと思ったりしています。私も子どもたちと一緒に考えて、でも『考える主体は君たちだよ』ということを大切にしています。」

次に、台詞の言い方で、大切にしていることや具体的な指導の方法についてうかがった。

まず大切にしているのは、しっかりＣＤを聴かせるということだ。子どもたちが同じ土俵に乗らないことには先に進めようがないということだ。

次に、ことばのキャッチボールを重視しているということ。そして、ことばに気持ちを重ねること、心を乗せるということを大切にするという。

ところで、高橋さんは、今回の活動を通して、ラボっ子一人ひとりの成長をどう見ていたのだろうか。

テーマ活動のなかで、年中の子が年少の子の面倒を見たり、ダブルキャストの相手の子を気遣ったり、さまざまな支え合いがあったという。さらに積極的に参加しない子に対して、同じ役の子が手紙を書いたりして、励まし合ったという。表現の共有という点ではしっかりＣＤを聴くところからスタートをさせるということを大切にしているという。

さらに、今回、子どもたちが自主的に発行した「Ｑちゃん通信」、高橋さんが週一回発行しているパーティ便りもテーマ活動づくりやパーティづくりという点で大きな推進力になっていることがうかがわれた。

いずれにしても、今回の高橋パーティ参観を通して、これは優れた地域での演劇教育の典型といっても良いのではないかということを、確認させられたのである。

Ⅴ　三つのラボ・パーティから視えたもの

●テーマ活動づくりの視点

テーマ活動の取り組みのポイントはさまざまあるだろう。次のようなことが明らかになっていなくてはならないと思う。

・テーマ（演目）決めのポイント（話し合いの時間、注意していること）
・役決め（オーディションなどの方法）
・劇づくりの実際（集団討議、集団指導体制、テューターの役割）
・劇づくりの方法（台詞、ナレーション……）
・集団身体表現の作り方
・個を大切にするテーマ活動など

例えば、高橋パーティでは、「集団身体表現が豊か」「台詞が素敵に聞こえた」「主体性を大切にする指導が垣間見られた」という観点からテーマ活動を分析したが、劇づくりの実際・方法のポイントはどうやら次の二つに絞られそうだ。

Ａ　**ことばと心の受け渡し**＝誰にどんな気持ちを届けるのかということ（台詞、ナレーション）
Ｂ　**からだの語り**＝集団表現、群舞（背景、物語の流れ、登場人物の心象風景……）

パーティを参観したり、テーマ活動発表会を鑑賞するなかで、ラボでは「からだの語り」に時間をかけるし、重視しているようだ。もう少し「ことばと心の受け渡し」を大切にしてもいいのではないかと思わされることが多かった。このあたりの私の想いやこだわりをしっかり受け止めてくれる人がいた。

中部支部静岡浜松地区中高大生合宿「ことばと心の受け渡し」ワークショップでのことだ。広島西地区での体験を生かしてワークショップの展開を変えてみた。

後日事務局責任者の方からテューターの感想が届けられ、子どもたちの感想の一部が、國分里美テューターからメールで送られてきた。さらに、國分テューターの合宿報告文「ひとりひとりの限界を大人が決めつけない」も送られてきた。テーマ活動づくりに関して、私が提起したいことのほとんどがここに凝縮され、活写されていたことはすでに紹介したとおりである。（二一〇頁参照）

●パーティづくりの視点

ここで私が「パーティづくり」というのは、ラボ・パーティのなかの人間関係づくりを指している。テューターと子ども、子ども同士のコミュニケーションをどう築いていくのかという問題である。その観点としては次のようなことがあげられようか。

・子ども理解と子どもへの対応
・父母の存在と付き合い方
・他のパーティやテューターとの交流、実践報告などの研究活動
・実践活動の対象化（実践記録、本の出版）など

宇野パーティ内でのグループ発表会、行松パーティのおやじ会、高橋パーティのOB、OGの支援など、実に多彩なパーティづくりが展開されていた。こうしたことがもっと全国規模で交流されていいだろう。

今回のパーティ参観の途中から、パーティづくりで大切にしていることはなんですか、できれば「パーティづくり○か条」としてまとめてくれませんか、という問いかけに応えてくれたのが行松さん（紹介済み）と高橋さんだった。こんな形でパーティづくりの交流を計ることは有意義なことではないだろうか。

高橋さんの「パーティづくり三か条」を紹介してみよう。

「私のパーティづくり三か条」

①子供達一人一人がその子なりの大輪の花がさくようにそだってほしい

・自分でやる子に！

・言葉がたくさん育つように！（英語も日本語も）

・心豊かに！

②そのための環境づくりを心掛ける

・子供たち一人一人としっかり向き合う

・保護者とのコミュニケーションをとる（おたよりもその一つ）

・子供同士のコミュニケーションを図らせる

・お話に耳を傾けるように工夫、想像力と創造力を！

③あきらめずに子供たちにアプローチする

・活動の場を広げていけるようにパーティ外活動にも参加してもらう

●「実践記録を書く」ということ

今回宇野テューターと出会って、吉岡さんや私との実に丁寧なやりとりに感心した。とりわけメールでの子どもたちの活動をリアルに報告していただいたことそのものが、優れた実践記録になっていたのではないかと思う。やりとりするたびに子どもたちの姿が手に取るように表現されてきたのだ。私の「学級づくり・授業づくり十か条」に「教育は固有名詞で語る」を取りあげたが、宇野さんの書きぶりはこれに符合している。（拙著『ぎゃんぐえいじ―ドラマの教室』晩成書房）

実践記録を書いたり読んだりすることの意味についてじっくり考えたことがある。私が編集代表をしていた雑誌「演劇と教育」での「教育実践を書く」という特集でのことだった。（二〇一〇年四月号）ここで「実践を書く・実践を読む」という共同討議をした時の埼玉大学の岩川直樹さんの発言に注目したい。

「ひとりの子どもがいて、その子どもなりの経緯や文脈のなかでもがきながら変わろうとしている。その子どもと向きあおうとする教師がいて、その教師も自分なりの経緯や文脈のなかで格闘しながら変わろうとしている。そういう子どもの葛藤と教師の格闘が織りなす教育の世界というものは、けっして他と交換できない固有の世界だけれども、それがにじんでくるような文章を読むとき、読み手である私たちは、どこか自分自身の葛藤や格闘が揺さぶられるような体験をする。」

実践を書くということは、必ずしもそれが成功したどうかということが問題ではなく、子どもの現実に教師がどう向きあっていくかが問われるべきもので、それが綴られたものが実践記録と呼べるものではないか、そんなふうに岩川さんのことばを受けとめたい。

さらに、「実践記録を書く」ということについて、京都大学の田中耕治さんの指摘が私に大きなヒントを与えてくれた。

「文芸性と科学性を兼ね備えたような『授業記録』こそ、学力形成を生きる力として把握することを要求する現代の教育課題に答えることになるだろう。」（『時代を拓いた教師たちⅡ』田中耕治編著、日本標準）

子どもたちの実態調査から始まって、仮説を立て、それをもとに実践を積み重ねるというパターンが学校現場ではよくとられる方法だが、そうした「科学性」のみに頼るのではなく、数値には表れない子どもの息づかいや眼差しをリアルに捉える「文芸性」がもっと重視されていいのではないか、というふうに私は田中さんの提起を捉えている。しかもこの提起は、学校現場だけでなく、あらゆる学びの場に通底していると思うのだ。

テーマ活動は地域の演劇教育

Ⅰ　演劇教育とは何か

●演劇教育の三つの仕事

冨田博之は日本演劇教育連盟の初代委員長で、演劇教育運動に残した足跡は実に偉大なものがある。坪内逍遥や小原國芳の演劇教育論を学び、批判を加えながら独自の演劇教育論を三冊の本にまとめた。特に注目すべきは『演劇教育』（国土社、一九五八年、復刻一九九三年）である。彼は、演劇教育とは何かを語り、その領域について図示し、その本質について明らかにしたのだ。

冨田はまずは演劇教育を二つに大きく分類する。「演劇の専門教育」「演劇への教育」と「演劇の普通教育」「演劇による教育」である。前者が役者のための演劇教育であり、後者は普通教育における、誰でもが受けることができる万人のための演劇教育だ。冨田が問題にしたのはもちろん後者で、その両者を彼は演劇教育と演劇的教育という言い方もしている。

さて、冨田が「演劇教育とは何か」ということについて最も整理して書いていた文章を紹介する。

「特殊な性格と機能を持つ芸術の一種である演劇の創造活動を体験させ、または鑑賞させるいとなみをとおして、子どもたちの全面的な成長をはかり、さらに、その本質、機能を日常の教育活動全体にいかすことによって、教育の仕事をゆたかで、いきいきしたものにしていこうとするもの」（岩波書店『現代教育学』８「芸術と教育」一九六〇年）

ここでの定義づけが、次のようにわかりやすくまとめられていく。

「演劇教育の三つの仕事

①演劇の創造活動を体験させることをとおしての教育。

②演劇を鑑賞させることをとおしての教育。

③演劇の本質、機能を教育全体にいかして、教育の仕事をよりゆたかで、いきいきしたものにすること。」（『演劇教育入門』晩成書房、一九七八年）

●演劇教育の構造

ところで、冨田は、さらに演劇教育の構造を誰にもわかるように次のように図示した。

近年欧米のドラマ教育が日本にも紹介されることが多いのだが、そこではよくドラマ（観客を想定しない演劇的活動）とシアター（観客を想定する演劇的活動）の対比が問題にされる。論者はどちらかに比重を置いて語られるが、冨田の場合はドラマとシアターがそろって演劇教育であると考えていたことは間違いない。両者の長所をしっかり把握して、子どもの成長発達に役立てることが演劇教育の本質だと確信するのだ。

●「演ずること」の発見

それでは、冨田は、演劇教育の本質をどう捉えていたのだろうか。音楽や絵画、書道などの表現と演劇の表現との決定的違いは何だと冨田は捉えていたのか。……それは「演ずること」だというのである。これまでの演劇教育論の不十分さは、この点をつきつめてこなかったことにあったというのだ。そして「演ずること」は「役を生きる演技」が前提になるという。

「演劇教育では、右にのべたような『演ずること』の作用をとおして行動的、感性的に、子どもの現実認識をそだてていこうとするのである。つぎに、子どもたちは、『役を生きること』をとおして、なによりも、ゆたかな想像力をやしない、そだてることができるということを、あげなければならない。」（二七頁）

さらに「集団的創造のなかで」で次のように指摘している。

「演劇教育とは、子どもたちが、その生活のなかで、あるいは、その成長の過程でぶっつかる（ママ）、さまざまな障害や困難を、意識的・組織的に子どもたちに体験させることをとおして、その人間的成長をはかることを目的としている教育だといえるだろう。」（三二頁）

演劇教育の構造

【図】『演劇教育』より

どうやら、この二つの引用に、冨田が考える演劇教育の核心が凝縮されていると思われる。

●〈遊ぶ〉ということ

ところで、冨田の演劇教育論で欠落している部分も指摘したいと思う。それは遊びに対する認識の不十分さだった。冨田の演劇教育論の欠落部分を埋めるものとして、小池タミ子の劇あそび論を紹介したい。小池は劇作家で、冨田の妻である。

小池の劇あそび論は演劇教育の歴史の中でも燦然と輝く金字塔を打ち立てたと言っても過言ではない。『幼児の劇あそび』（国土社、一九七三年、『劇あそびの基本』晩成書房、と改題して再出版、一九九〇年）は抜群の文章力と説得力がある。

入手しやすい『劇あそびの基本』からその主張の一部を紹介する。

書き出しの「劇あそびと日常保育」という章に小池の主張がコンパクトにまとめられている。

「劇あそびは劇である、演劇的な完成をめざす活動であるという発想からぬけ出すこと。」（九頁）

「大切なのは、舞台でも脚本でもなく、子どもたちの活動そのものです。」（一三頁）

小池の劇あそび論は、「劇あそびは劇である、演劇的な完成をめざす活動であるという発想からぬけ出すこと。」につきると言っていい。この考えは多少の相違はあるにしても、落合總三郎や岡田陽の劇あそび論にもつながるものだ。

冨田と小池の劇あそび論は重なる部分もあるが、決定的な違いも有している。冨田には教えることを重視した幼児演劇教育論のニュアンスが強くあり、脚本・演出を大切にする劇指導としての劇あそびに近いものを感じる。一方、小池はあくまで子どもの現在（実態）からの発想の劇あそび論であり、劇あそびは遊びであるということを一貫して追及していることに特徴がある。

Ⅱ　演劇教育の育てる力

次に、こうした演劇教育の実践が子どもたちの成長に何をにもたらすことになるのかを考えてみたいと思う。演劇教育は子どもたちにどのような力を育てるのだろうか。

ここでもやはり、最初に、冨田に登場してもらう。前出の『演劇教育』では次のように書いている。

「劇の論理にしたがって、能動的に行動するということをとおして、積極的な思考力と、能動的な行動力とをそだてるのである。」（二三頁）

「『演ずる』ということは、子どもたちが、もういちど人間として意識的・積極的に生きて学ぶことを意味する。それは、真の意味での創造的な人間をつくることなのだ。」（二四頁）

どうやら、積極的な思考力と能動的な行動力が演劇教育の育てる力のキーワードのようだが、日本演劇教育連盟の常任委員を長く務めた佐々木博はこのことに関して次のように書いている。

「舞台の上で演じられることは、その人のありのままでもなければ日常でもありません。虚構、つまり、つくられた世界です。その非日常性と自分を結びつけるものは何か、それは演ずる子どもの想像力にかかってくると思います。創造性と想像力、これらは演技をつくりだす両輪のようなものです。」（『新・演劇教育入門』日本演劇教育連盟編集、晩成書房、二六頁、「演劇教育で育つ力」）

郵便はがき

恐れ入ります
が
切手を貼って
お出しください。

101-0064

東京都千代田区猿楽町2-1-16-1F

晩成書房

編集部 行

あなたのことを教えてください!

おところ

〒□□□-□□□□

☎ (　　)

ふりがな	男・女
お名前	歳

お仕事は…

勤務先・学校名・クラブ・サークル名などを

ご購入ありがとうございました！
図書名をお知らせください。→

こんにちは！ お元気ですか？ ちょっと唐突ですが，この世の中 やっぱり 一人ひとりが もっと自分らしく，個性豊かに，元気に生きたいですね。もっとお互いに ことばとからだで表現し，コミュニケーションし合って，しなやかな人間関係ができればステキですね。…私たち晩成書房では，そんなことを考えながら，子どもたちの全面的な発達を願う演劇教育の本を中心に，シュタイナー教育，障害児教育などの教育書，さらに演劇書，一般書の出版を続けています。また，あなたと，さらに良い出会いを持ちたいと思います。本書についてのご意見・ご感想，あるいは本書に限らず，あなたご自身のお考え，活動のこと，必要を感じられている図書などをお聞かせいただければ幸いです。

●本書は何で 知られたのですか？

●あなたからのこのおたより，晩成書房の読者のページ「おのまとペ」で紹介させて頂くことがあります。（月刊「演劇と教育」巻末です）ペンネームなどご希望の方は，その旨お書きください。

私は、「想像力と創造力という二つのソウゾウリョクが演劇教育で養われます。」というようにわかりやすく簡潔に話すことにしている。

ところで演劇は、集団性の強い芸術であると言われる。ロシア・ソビエトの演出家で役者でもあったスタニスラフスキーは『俳優修業』（第２部、山田肇訳、未来社）で「ひとりはみんなのために、みんなはひとりのために仕事をするのである。」と書いている。「ひとりはみんなのために……」ということばは、アレクサンドル・デュマ・ペールの『三銃士』に登場し、さらにそれ以前には古代ゲルマン人の、古くからの言い習わしの中にあったとも言われ、決して演劇だけのことばではないようだが、演劇のことばと言われても全く違和感はない。

演劇は「集団における人間形成の仕事」であることに論を待たないが、しかしながら、注意をしなければならないこともある。佐々木はこんなことも指摘している。

「演劇は決して集団づくりの手段ではありません。しかし、集団的なとりくみなのです。だから劇をつくるという過程の中で、創造のためのモラルを追求しなければ創造という活動それ自体が成り立たないことになるのです。」（二八頁）

ここで大事なことは、演劇は手段ではなく、演劇を楽しんだり、必死に作ったりするなかで、徐々に濃密な人間関係が作られていくということである。

さて、演劇教育の素晴らしさについて私に新たな視点を与えてくれた人がいる。長年高校の定時制の教師をしていた菅龍一である。彼は和光大学で非常勤講師をしていたときに、「現代青年論」の授業として学生たちに戯曲創作に取り組ませた。そのときの実践は『若者たちの居場所』（副題、創作戯曲にみる現代青年像、晩成書房）にまとめられているが、それらの体験をふまえて「演劇のもつ原体験性」というコラムを書いてくれた。

「創作劇上演という表現行為は学校や授業という枠の中では最も原体験性に富む営みではなかろうか。青年の生き方を主題に討論、共同執筆、即興劇などを経て舞台形象が出来上がる。その間の葛藤と連帯感。上演の興奮と感動。観客の反応と交流。これらは演劇でなければ味わえない体験である。」（「演劇と教育」一九八八年三月号）

自らの生き方を左右する体験、現在の自分の存立基盤の一部を形作っているかもしれない体験が原体験で、演劇はそれに成り得るということなのではないか。

Ⅲ　テーマ活動は地域の演劇教育

さてここで、本題のテーマ活動について話を戻したい。

テーマ活動と言ってもその活動をすぐに思い浮かべることができる一般人はそう多くはない。『大人になったピーター・パン』（門脇厚司・田島信元、アートデイズ発行、二〇〇六）ではテーマ活動を次のように規定している。

「ラボでは、外国語を母語とのかかわりのなかで、いかに生き生きと体験するか、その体験の蓄積により外国語をいかに母語に近いかたちで獲得していくかを追求してきた。……子どもたちは、物語のテーマを話し合い、イメージを広げ、その世界をことばと身体で表現していく。その活動を、ラボではテーマ活動と呼んでいる。」（三一四、五頁）

ついでに、ラボ・テューターについてはどう書かれているか見ておこう。

「子どもたちの英語を中心とする言語体験活動・表現活動の場『ラボ・パーティ』を主宰し運営する先生役の女性。子どもたちの自主性、内発性を尊重しながら状況と必要に応じて助言や示唆、激励を行い、ともに活動している。ラボ・テューターは、それぞれの家庭や幼稚園で、ラボ・ライブラリーを使って子どもたちのグループ活動を指

導し、そこに豊かなことばの空間をつくりだし、人間関係を育てていく。」（三一四頁）
つまり、子どもたちの自発性や内発性を尊重しながらグループ活動を指導し、人間関係を育てていく先生役のテューターを中心としたラボ・パーティが、外国語をいかに母語に近いかたちで獲得していくかを追求することが、テーマ活動のねらいと言ってもいいだろう。
ここで、先生役のテューターを教師、ラボ・パーティを教室と置き換えても何ら違和感がない。教師は子どもたちの主体性や自立性を生かしながら、子どもたち自らが発見し、行動する教室が今の教育に求められているのは疑いないことである。テューターと教師の違いは学びの場が地域なのか学校なのかということ、主に学ぶのが外国語なのか日本語なのかということである。つまり、ラボのテーマ活動は、地域での演劇教育活動の一つであるということなのである。もちろんここでいう演劇教育とは、冨田の言う「演劇の普通教育」「演劇による教育」ということになる。

Ⅳ　テーマ活動は限界芸術の一つ

では、テーマ活動とはどのような芸術なのだろうか。以前、次のように書いたことがある。

鶴見氏は芸術を純粋芸術（Pure Art）大衆芸術（Popular Art）、さらに「芸術と生活との境界線に当たる作品」を限界芸術（Marginal Art）と呼んでいる。「えがく→みる」といった行動の種類で分類してみると純粋芸術は絵画、大衆芸術は紙芝居、ポスター、錦絵に対して、限界芸術としてはらくがき、絵馬、羽子板、しんこ細工、凧絵、年賀状、流灯をあげている。

芸術といえば一般的に純粋芸術を指し、他に比べて一段価値が高いという誤った認識があるが、けして他の芸術が劣っているというのではないというのだ。むしろ限界芸術に関して言えばその重要性を次のように強調している。

「芸術の発展を考えるにさいして、まず限界芸術を考えることは、二重の意味で重要である。（注：筆者、系統発生的、個体発生的）……生活の様式でありながら芸術の様式でもあるような両棲類的な位置をしめる限界芸術の諸種目が、重大な意味をもつことになる。」（鶴見俊輔著『限界芸術論』ちくま学芸文庫、一九九九年）

非専門家が創造し、非専門家が享受する限界芸術の中に、当然、日々展開される学校や地域の表現活動も含まれる。それらはけして「学芸会的」などと揶揄される代物ではなく、ことばと心の受け渡しをふんだんに含んだ、人間関係を豊かに彩ってくれるものである。この限界芸術の重要性について、我々は十分理解すべきである。

私の体験したラボのテーマ活動は、まさに、ことばと心の受け渡しを軸にした限界芸術であるというべきである。

（『ラボ・パーティ研究』21号、二〇〇八）

鶴見は、限界芸術の研究者として柳田国男、限界芸術の批評家として柳宗悦、限界芸術の作家として宮沢賢治を取りあげ、詳述している。こうした文脈のなかで、テーマ活動や学校での演劇活動は優れた身体表現活動で、十分注目に値する限界芸術に成り得ることを推測することはたやすいことである。

次に問われるのは、テーマ活動における表現という問題である。

Ⅴ　テーマ活動における表現

ラボは、すでに、「テーマ活動における表現を考える」ための大きな財産を有している。それは同じタイトルの竹内敏晴を囲んだ座談会である。（『ラボ・パーティ研究』６号、一九八四）三十年以上も前の記事なのに、内容的にはけして古くないどころか、テーマ活動を考える上で、避けては通れない視点が満載されている。何点か紹介してみよう。

竹内は公開でレッスンすることもよくあったが、まずその意義について語っている。

「じぶんでじぶんを越えていかなければならない。そのように向かいあうものとして観客がいるので、客をよろこばせたり見せたりするためにいるのではないんです。」

さらに、公開レッスンは劇上演の可能性との関連で次のように語る。

「のっぴきならずじぶんをみんなの前にさらして、あとにひけないところに立ってじぶんの想像力なり集中力なりをにつめる。」

これはまさに前述したシアターの活動で、テーマ活動の発表会と繋がるものである。観客の存在を上手く生かした表現活動が意識されなければならないだろう。

テーマ活動の取りあげる物語の優位性については次のように話す。

「フィクションだと思うから、人格が侵略されるはずないと思いこんで、日常のワクをこえて、あんなところと思うところまでじぶんをさらけだしているというわけです。」

この視点は、物語の中の遊びということにも結びついてくる。

「テーマ活動では、〝遊びとしてのおもしろさ〟ということは大切。」

「音楽なら音楽で、歌がきちんとうたえる前に生きいきするほうがだいじなのではないか、遊ぶほうがだいじではないのか。」

表現活動における遊びの視点をどう確保するか、小池の劇遊び論を再考してみると面白い。

さらに「子どもの創造性を生かすテューターの役割」ということで「表出と表現」の関連について語りながら次のように提言している。

「表出をちゃんと受けとめて、当人も気づいてない表出を受けいれてもらっているという安心感がその子どもの中で成り立たないといけない。」

「その作品の役の世界で、これはだれに向かって何をしているのかという方向へ、その役者の想像力の方向を向けてやる、気づかせてやるという仕事があるわけです。」

「子どもたちの目とからだで見た世界でどれだけ生きいき生きて、想像力や思考に発展させてやれるかということがポイントなのではないか。」

「表出の段階のときにはまったく受けとめてやるだけでいいが、表現というところへ意識的な作業としていったときにはきちんと吟味してやるということが、受けとめる側に必要になってくる。」

子どもの表出を受けとめ、表現をきちんと吟味することという竹内の提言をどう引き受けるのか、テューターや教師は求められているのではないだろうか。

最後に「ジェスチュアとアクションの違い」で、「ジェスチュアは相手に働きかけるのではなく、じぶんを説明すること」という指摘が興味深かった。もちろんテーマ活動は、ジェスチュアでなくアクションを重視すべきだということである。

テーマ活動の表現を考えるための本

次の文献はテーマ活動の表現について考えるときに参考にした本の一部で、ラボから発行された冊子は省略してある。

『ことばがこどもの未来をひらく』村田栄一、筑摩書房、一九九七年
『大人になったピーター・パン』門脇厚司・田島信元、アートデイズ、二〇〇六年
『谷川 雁―永久工作者の言霊』（平凡社新書）松本輝夫、二〇一四年
『Fの遺伝子』矢部顕作文集、私家版（二〇〇六〜二〇一五年）二〇一六年
『〈感動の体系〉をめぐって―谷川雁ラボ草創期の言霊』谷川雁著、松本輝夫編、アーツアンドクラフツ、二〇一八年

『ラボ・パーティ研究』一〜二三号、ラボ教育センター
『雲よ―原点と越境』谷川雁研究会 一〜七号
「スサノオの変化とともに成長できた子どもたち」やぶつばき『雲よ』一号
「テーマ活動の陣形―神話ごっこの原点を求めて」河村昭利『雲よ』二号
「共通のことばを求めて―テーマ活動の『今』と『みらい』を語ることばはどこにあるか」金丸謙一郎『雲よ』四号
「群青色の残像に再会できる時」―精神構造の軸を創る『物語活動（テーマ活動）』ＲＩＭＩＫＯＫＵ『雲よ』六号
「谷川雁の物語論」矢部顕『雲よ』七号

第2章

新・実践的演劇教育論

演劇教育の原点を探るⅠ

高山図南雄の「あらためてスタニスラフスキー」

Ⅰ　冨田博之の演劇教育論批判

冨田博之の演劇教育論は二冊目の著書『演劇教育』（国土社）にほぼ凝縮されていると見てよいだろう。そこには、演劇教育の本質は「演ずること」であるという発見、演劇教育の内容の確定、学校劇から演劇教育への移行などがその主な骨格となっていることはすでに拙著『実践的演劇教育論』に書いたとおりである。

これらの主張に対しての批判的意見はエチュード方式提唱の時ほどは多くなかったようだ。しかしながら、永井鱗太郎や北島春信らは冨田を厳しく批判している。とりわけ北島の論考は無視できぬもののように思う。(「子どもが躍動する舞台の創造」『児童劇作』日本児童劇作の会、六二号、二〇〇六年)

北島の冨田批判の骨子は簡潔に要約すると次のようになる。

①スタニスラフスキー・システムは俳優のための演技手引き書であり、学校教育に活用すべきではない。それは、ソビエトのスターリンに擁護されたシステムであったのだから。

②学校劇を演劇教育の一領域に位置づけるべきではない。演劇の教科の確立をはかるべきである。

③子どもは本来「役者」なのでエチュード方式のような身体の基礎訓練は必要ない。ただしことばの基礎訓練はしっかりやるべきだ。

この北島批判に対して我々はどう答えるべきなのか。

①の批判について考えてみる。

何を教材として準備すべきなのかということは教師が取り組むべき最も大きな課題である。理想的にいえば、学問的に一番質の高い課題や問題こそ教育現場に持ち込むべきである。子どもであるからこの程度であればいいという考えは大きな誤りではないか。演劇を例にとれば、子どもたちにこそ上質で、大人の鑑賞にも堪えうるものを見せるべきである。かつて夏の全国演劇教育研究集会で冨田博之著『日本児童演劇史』を購入したら、冨田がその場で「小さな観客のための大きなドラマを。」とサインしてくれたことを私は忘れない。たとえば児童文学書が大人の読書に堪えうるものでなければ、子どもにとってもいい作品とは決して言えない。そのことと類似した関係にあるだろう。

日本において数学教育の「水道方式」を確立した遠山啓と銀林浩はいずれも一流の数学者であった。だからこそ第一級の数学理論に基づいて世界で誇れる数学教育・算数教育の方法を確立することができたと言えるのだ。

スタニスラフスキー・システムが世界の演劇や映画の発展に果たした役割については言を待たない。ソビエトやロシアに限らず、ドイツのブレヒトはスタニスラフスキー・システムを批判発展させた戯曲家・詩人・演出家であり、アメリカのリー・ストラスバーグとアクターズ・スタジオの方法はまさにスタニスラフスキー・システムのアメリカ的展開といえる。

スターリンとの関係についていうと、むしろスタニスラフスキー・システムは「被害者」といえるのではないか。これは後述の「演劇と教育」の高山図南雄連載「あらためてスタニスラフスキー」がそれを見事に証明している。

②については、たとえば学校劇の先駆的実践校である成城学園は演劇を教科に組み込んでいる。しかし冨田は学校劇だけでなく演劇的な要素を学校教育全体に生かすべきだと主張したのである。(『演劇教育』国土社、一九五八年)それをスローガン的にいうと「学校劇から演劇教育へ」ということになる。演劇を広く教育に生かさないという手はない。演劇教育運動の成果として、学習指導要領が必ずしも充分に演劇教育を認知していないにもかかわらず、今や、演劇教育はある程度の市民権を得てきているのである。

③についてはこう答えたい。

北島の主張は、むしろからだとことばを分離して捉えたことに問題があるのではないか。竹内敏晴が主張する「からだが語ることば」という概念を我々はどう考えたらいいのだろうか。積極的なからだとことばの「訓練」を子どもの成長に関わる大人は考える必要があるのだ。もちろん、訓練ということばは適当ではなく、子どもや彼らに関わる教師の身体のあり方をむしろ問わなくてはならない。

子どもは生まれながらにして「役者」である、ということは似たようなニュアンスで冨田も語っていたことがある。しかしこれにはかなりの疑問符が付きそうだ。もしそうであるなら、なぜ棒読みのような台詞回しやあまりにも不自然なしぐさが教育現場にはびこるのか。「学芸会的演技」とはまさにこういうことではないのか。それゆえ冨田はエチュード方式なるものを生みだしたのではなかったのか。誰といかなる「ことばと心の受け渡し」を成立させるのかが問われなければならないだろう。ここに「教育」や「指導」が入らなければならないと思うのだ。

しかしながら、一方でなぜこうした冨田批判が生まれたか考える必要がありそうだ。

三十代半ばにして二冊の演劇教育論を上梓した、若き冨田の成城学校劇運動に対する性急な批判、童心主義的なブルジュア学校劇という捉え方に対する反感がその背後にあったのだろう。生活感のない劇や脚本という冨田の捉え方や物言いに反発があって当然のことだった。冨田の主張の背後には生活綴方運動、数学教育協議会、スタニスラフスキー・システムの登場などの民間教育運動や左翼的な思想背景があったことは間違いない。このあたりのことを今あらためて冷静に検証することが必要なのではないだろうか。

Ⅱ　あらためてスタニスラフスキー

さて、冨田が『演劇教育』でその理論的裏付けにしたスタニスラフスキーとはどういう人物で、いったいスタニスラフスキー・システムとはなんだったのか。今一度その検証が必要なのではないか。幸い、その検証作業に示唆を与えられる格好の文章が存在している。それは、高山図南雄「あらためてスタニスラフスキー」（『演劇と教育』十

三回連載、一九九五年八＋九月号〜一九九六年十月号、第三十七回演劇教育特別賞受賞）である。

高山は「演劇と教育」の拡大編集委員として月一回、欠かさず編集会議に参加してくれた人である。会議終了後、冨田や我々年下の編集委員と酒を飲んで帰るのが常だった。郷里・熊本の清酒「美少年」をこよなく愛していた。私と二人で西武池袋線に乗り、大泉駅で下車するまでさまざまな話を交わした。日本大学芸術学部教授であり演出家というぐらいしか私は知識はなかったが、実は日本におけるスタニスラフスキー研究の第一人者なのだということが今になってわかるのだ。

略歴を見てみよう。この人ほどスタニスラフスキーを語るにふさわしい人はいない。

■高山図南雄の略歴・仕事など

＊一九二七年三月三十一日誕生、二〇〇三年十二月三十一日死去、享年七十六歳

＊著書　『芝居ばかりが芝居じゃない』晩成書房、一九八五年

＊訳書

・マガルシャック『スタニスラフスキー・システムの形成』高山図南雄訳、未来社、一九七三年

・ゴルチャーコフ『ワフターンゴフの演出演技創造』高山図南雄訳、青雲書房、一九七八年

・R・H・ヘスマン編『リー・ストラスバーグとアクターズ・スタジオの俳優たち』高山図南雄・さきえつや共訳、劇書房、一九八〇年

・ジーン・ベネディティ『スタニスラフスキー伝』高山図南雄・高橋英子共訳、晶文社、一九九七年

・ジーン・ベネディティ『演技―創造の実際』スタニスラフスキーと俳優、高山図南雄・高橋英子共訳、晩成書房、二〇〇一年

ジーン・ベネディティの二冊の翻訳書は、高山からいただいている。ようやく今、興味を持って手が伸びる時期がやって来た。

高山は日本でもかなり初期にスタニスラフスキー・システムを採り入れ、実践した八田元夫の演出助手をしている。さらにスタニスラフスキーと活動をともにし、若くして亡くなった演出家、ワフターンゴフや、スタニスラフスキー・システムをアメリカの地で継承・発展させたリー・ストラスバーグとアクターズ・スタジオ、さらにスタニスラフスキーの研究者の著作を翻訳して、ていねいにスタニスラフスキー・システムと付き合ってきた人なのだ。高山はスタニスラフスキー・システムの実践者であり、研究者でもあった。

■連載「あらためてスタニスラフスキー」

それでは、連載の骨子を箇条書き的に要約してみよう。

(1)スタニスラフスキー・システムの出発点

・一八六三年、スタニスラフスキー誕生。

・一九〇六年、四十三歳、名優、スタニスラフスキーの演技上のスランプ時。システムの誕生の契機。

◎チェーホフに学ぶ

・一八九八〜一九〇四年、劇作家・チェーホフの芝居を創る。スタニスラフスキーは過剰演出、チェーホフは芝居がかったことを嫌う。

・スタニスラフスキー、外的なものから内的なものへの関心を高める。システム追求は専制演出家からの脱却の過程。独裁的演出家から創造的演出家への転進。形而上学的人間像から「行動」の場において人間を捉える。

◎ダンチェンコとの関係　スタニスラフスキーは理想家肌の演出家。ダンチェンコは現実主義者、文芸部門を担当。

◎第一研究劇場《スタジオ》創設

・一九〇九年、スタニスラフスキー・システムで初演出。

・一九一二年、第一研究劇場発足。芸術座若手＋学生。

・一九一六年、スゥレルジーツキー（第一研究劇場の中心メンバー）死去。

＊ここではヨガや即興（ゴーリキーが好む）を生かす。

・一九三六年、『俳優修業』アメリカ版出版。

・一九三八年、『俳優修業』ロシヤ語版出版。

(2) スタニスラフスキー・システムに対する彼我の距離感の違い。

◎日本では

・一九一二年、小山内薫、三十一歳、モスクワ芸術座で克明にノートをとり帰国。築地小劇場を立ち上げる。

・岡倉士朗（演出助手、竹内敏晴）・八田元夫（演出助手、高山図南雄。文芸助手、牧野純）・下村正夫・三島雅夫・林孝一（研究者、「演劇と教育」に連載）などがスタニスラフスキー・システムを紹介。

・ぶどうの会、木下順二、岡倉士朗、山本安英、久米明、桑山正一。

・岡倉の演出、『俳優修業』を遊ぶ。システムの要素を遊ぶ。（リラックス・想像力・舞台への信頼・交流など）「動物練習」なども。

＊日本では権威的・美化・聖典化する傾向あり。ブレヒト・グロトフスキー・ルコック……などと比較するとはっきりするだろう。

◎アメリカ演劇への影響

・リー・ストラスバーグがアクターズ・スタジオを立ち上げる。メイエルホリドと共同研究、ブレヒトとも親交を持つ。スタニスラフスキーのことば「コピーはいけません。これだけは忘れないように。」「燃えあがる記憶」（高山訳、スタニスラフスキー・システムのアメリカ的展開）

・実験室劇場、一九二三～二九年（七年間）ボレスラフスキー・ウスペンスカヤ（先生）、リー・ストラスバーグなど所属。

・スタニスラフスキー・システム、世阿弥『風姿花伝』に類似。「真似してはいけない、原則は曲げないで。」

(3) スターリン時代のスタニスラフスキー

・一九二四年、レーニン没、スターリン登場。

・一九二六年、レパートリー審議会「体制に合致するもののみ上演」

・一九三一年、スタニスラフスキー攻撃。
　スタニスラフスキー「芸術座は正しいと思う劇を上演する」
　スターリン「スタニスラフスキーを孤立させて保存する」

＊スタニスラフスキーは非政治的存在、ダンチェンコは保守的。

＊スタニスラフスキー、メイエルホリドと共同研究。スタニスラフスキー、「タルチョフ」（モリエール）、「リゴレット」（オペラ）を演りたがる。たんなる自然主義ではないところを見せたかった。

・一九三八年、スタニスラフスキー死去。

・一九三九年、メイエルホリドをスパイとして逮捕。

・一九四〇年、メイエルホリド銃殺される。

高山連載を読んで、スタニスラフスキーの人となりが克明に浮かび上がってきた。システムを生みだしたのは自身の演技に行き詰まった末のことだった。システムはスランプからの脱出への試行錯誤から編みだされたものだったのだ。演技・演出の原則とは何かということをつきつめ、考える現場人として、とりあえずのシステムを考えついたというのだ。

そして、スタニスラフスキーは一点に留まらないで、模索し続ける存在だった。チェーホフ、ダンチェンコ、ゴーリキー、メイエルホリド、ワフターンゴフなど当時の作家・演出家・役者などから影響を受け、常に考え創り続ける主体だった。

竹内敏晴がこの高山連載の感想としてスタニスラフスキーの存在を次のように評している。

「内なるものに促されて止まるところを知らず創造たらんとする姿、死に至るまで新しくありつづける『からだ』の躍動。」（「演劇と教育」一九九七年一月号）

これはまさに竹内の生き方と二重写しになってくる。

さらに感動的なのは、彼の哲学として、「教えから学びへ。人間の現在からの出発。」ということがあった。システムを金科玉条の如く捉える演劇人を猛烈に批判している。むしろ教条主義、権威主義を廃するところから出発したのがスタニスラフスキーなのではないだろうか。そう考えると、スタニスラフスキーは異国の近寄りがたい偉い演出家ではなく、あえぎあえぎ呼吸をし、常に悩みを抱えつづけた「先達」として私には映ってくるのだ。

竹内敏晴『主体としての「からだ」』

竹内敏晴が亡くなって四年、『主体としての「からだ」』が『セレクション　竹内敏晴の「からだと思想」』（藤原書店）の一冊目として刊行された。膨大な著作を全四巻に凝縮する予定だという。

カバー写真がなんとも秀逸で、懐かしい。レッスンの一場面、竹内はいつものゆったりした服を身にまとい、裸足で相手に対峙する。肩の力が抜けて屹立し、全身で語りかける。……私がはじめて竹内レッスンに参加してからほぼ十年後の風景がそこにあった。

本書は四〇〇頁ほどの大冊で、三部構成になっている。

Ⅰ　ことばが劈かれるとき（『ことばが劈かれるとき』思想の科学社、一九七五年、抜粋）
Ⅱ　「私」をつくり、「私」が超えようとしたもの（『生きることのレッスン』トランスビュー、二〇〇七年、抜粋）
Ⅲ　演劇人・竹内敏晴（『肉体言語』肉体言語舎などより転載）

竹内の単行本はほとんど保持しているので、今回初見はⅢのみだ。私の知らない演劇人としての竹内に出会うことはもちろん新鮮だったが、それよりⅠとⅡを再読することによって新たな「発見」がいろいろとあった。

竹内は養母の知り合いだった山本安英からの紹介で演出家・岡倉士朗に出会い、「ぶどうの会」で演出助手として働くことになる。ぶどうの会は近代リアリズム演劇術の頂点スタニスラフスキー・システムを研究するグループだった。そこで学んだことば認識が後に「竹内レッスン」と呼ばれるものの核になっていく。「対象（他者）に働きかけ、その行動、あるいはイメージとか意見とかも含めていいが、それらを変えることが、ことばの働きだ、ということである。」（Ⅰ、五三頁）

Ⅱでは「スタニスラフスキーのアクション」で竹内はさらに思考を深化させる。スタニスラフスキーがシステムを自ら否定して新しい方法を追究したのが「オセローの演出ノート」だという。ことばや台詞は「全存在を賭けた、相手に対する働きかけとしてのアクション」（二四〇頁）というスタニスラフスキーの考えに共振する。そのあたりについては高山図南雄「あらためてスタニスラフスキー」（「演劇と教育」十三回連載、一九九五年八＋九月号～九六年十月号）が異なる角度から詳述して興味深い。

さらにメルロ＝ポンティの「主体としての身体」という考え方が加わる。「ことばは、声の一部です。声は、からだの一部です。からだが他人に向かって働きかけているのでなければ、声やことばが、相手を動かすものではありません。」（二五〇頁）

竹内の「からだとの出会い」「からだを問うこと」とはこのことだったのだ。

教育の現場人として、私が、さらに激しく共鳴するのは、「祝祭としてのレッスン」というものいいである。「そこは何をやってもかまわぬ場である。日常の次元では抑圧されているもの、意識的に制止してあるもの、それらすべてをとり払って、一つの見知らぬ自分に出会うこと。」（九七頁）

「祝祭としての授業」を日常的に創り出すことが教師の一番の仕事と思って実践を深めようと努力してきた。これも師匠・竹内敏晴から学んだことであった。

＊参考「竹内敏晴から学んだこと―語るということ」（拙著『実践的演劇教育論―ことばと心の受け渡し』晩成書房）

鳥山敏子の教育実践

二〇一三年十月十六日の朝日新聞朝刊の訃報欄に愕然とした。鳥山敏子さんが亡くなったというのだ。

鳥山敏子さん（とりやま・としこ＝ＮＰＯ法人「東京賢治の学校」設立者）７日、肺炎で死去、72歳。ＮＰＯが運営する「東京賢治シュタイナー学校」（東京都立川市）で「学校葬」を行った。後日、「偲（しの）ぶ会」を開く。連絡先は立川市柴崎町６の20の37の同学校事務局。

宮沢賢治の生き方に学び、ドイツの哲学者シュタイナーの思想に基づく教育を実践する「東京賢治の学校」を１９９７年に同市で開校。ＮＰＯ法人の運営となり、代表を２０１１年まで務めた。

同じ日の朝日新聞、東京「むさしの」版に、「シュタイナー学校。鳥山敏子さん死去・賢治の精神、最期まで」という見出しで、もう少し大きな記事が載っていた。それによると亡くなった当日も授業をしていたという。さらに、亡くなる二日前に子どものお誕生会で一緒に誕生日を祝ったという写真が載っていた。ネットで調べたら三年生の担任だった。最期まで子どもとともに生き、完全燃焼した教育実践者だった。

Ⅰ 出会い、そして「演劇と教育」誌を賑わす

初めて鳥山敏子の名を知ったのは、一九七三年の第一回ひと塾だった。白井春男さんが理論的支柱だった社会科の授業を創る会の一員として「人間の歴史」の実践発表をしている。私はその時、同じ会の奥地圭子さんの「鉛筆ができるまで」という実践報告を聞いていた。

その後は雑誌「ひと」をとおして社会科を中心とした実践記録を読むことになる。

私の眼前に彼女が気になる存在として登場してくるのは、竹内敏晴連載「朗読源論への試み」(「演劇と教育」一九七八年六月～一九八〇年三月、全十五回)からだ。文中にしばしば登場する対談者、中里子は鳥山さんのことである。この連載を中心にまとめられたのが『話すということ—朗読源論への試み』(国土社、一九八一年)で、間違いなく、鳥山さんの協力なくしてできなかった本である。

一九八二年の全国演劇教育研究集会で、子安文さん、上松恵津子さんを招いてのシュタイナー教育を考えるテーマ別交流会に彼女が一般参加していてびっくりしたことがあった。この会のコーディネーターは石原直也さんと伊藤行雄さんと私だった。

鳥山さんに連載「授業を創る」(一九八一年十二月～一九八三年十月、全二十回)を書いてもらうことを提案したひとりは私だった。忙しい現場教師の、からだとことばの豊かさを重視した、現在進行中の実践報告だった。この連載が、初めての実践記録『からだが変わる　授業が変わる』(晩成書房、一九八五年)にまとめられる。

その後、晩成書房や太郎次郎社から多数の本を矢継ぎ早に出版することになる。

・『イメージをさぐる からだ・ことば・イメージの授業』太郎次郎社、一九八五年
・『いのちに触れる 生と性と死の授業』太郎次郎社、一九八五年
・『自然を生きる授業』晩成書房、一九九一年

なお、『自然を生きる授業』は「演劇と教育」連載（一九九〇年七月号～一九九一年八月号、全十四回）に大幅加筆・増補したものである。

「演劇と教育」に二回も長期連載した人は冨田博之さん、葛岡雄治さん以外の人は思い浮かばない。第四十三回全国演劇教育研究集会では講演「みんなが孫悟空―子どもたちの〈死と再生〉の物語」（一九九四年、日本教育会館）をしてもらった。私が講師紹介させていただく。

この年に教職を辞し、長野県大町市に「賢治の学校」を開き、一九九七年に東京都立川市に拠点を移す。そして、二〇〇一年に教壇に復帰して、二〇一一年には代表を退いていたのだった。

Ⅱ 生《なま》の授業を見る

映画などを通しての授業は見ていたが、生の授業を参観することはなかった。そのチャンスがやってきたのは私が小学校教師を辞して二年経ってからのことだ。若い教育研究者の渡辺貴裕さんと立川の東京賢治の学校を訪ねたのは、二〇〇七年二月十三日のことだった。学校から求められて書いた感想が手元に残っている。

＊

十二月二十三日の学習発表会と二月十三日の授業を参観して一番感じたことは子どもたちが実にしっとり生活し

ているということでした。言葉を換えれば、まさに学びの場になっているということです。学年にかかわらず、大きな声を出したり、むやみにはしゃぐことなく、しっかり表現活動に参加していました。これは全校児童が少人数だということだけではないようです。子どもたち一人ひとりが地に根を張っている、そんな印象でした。

子どもたちが大切にされていると思ったのは、始業の場面からしてそうでした。鳥山敏子さんが一人ひとり子どもたちと握手しながら言葉を交わし、教室に迎え入れていました。この瞬間、私の脳裏に浮かんだのは、数年前に訪れたフランスのノルマンディのフレネ教室の風景です。担任で校長のベテラン教師ジャン・ピエールは校門で一人ひとりの子どもたちをキスで出迎えていました。君たちのことが好きなんだよ、君たちはおもしろい存在なんだからと教師が伝えているような風でした。子どもの存在意義を確認する場でもあるようでした。そうした安心感の中で子どもは育っていくんだなと思ったものです。鳥山学級にも同様の空気を感じたのです。

鳥山雅代さんのオイリュトミーの授業を連続で参観しました。かなり以前に私も芸術としてのオイリュトミーを見たことがあるのですが、教育としてのオイリュトミーは初めてでした。子どもたちはほとんど無言のまま行動し、身体表現していました。必要以上に言葉に頼らないで五感を充分機能させる、ということが子どもの魂を豊かにすることに繋がるんだと思わされた瞬間でした。高学年の子どもたちの、オイリュトミーを創っていく子どもと子ども、子どもと教師のやりとりも興味深かったです。型を教え込むんじゃないということに納得できました。この日は拝見できなかったのですが、フォルメンの授業なども言葉以前の非言語教育と言えるのでしょうか。

鳥山学級の朝の会や誕生会の三、四十分間は学級文化の質の高さを充分示していました。六年生の子どもたちが賢治の「精神歌」や「般若心経」、松尾芭蕉の俳句、植物や動物に関する俳句などかなりハイレベルな内容を朗読、朗誦していました。車座になっての打楽器を交えながらの発声はからだぐるみの教育そのものでした。新入生に対するクラスメートの心配りにも感心させられました。多少意外だったのが、あまり声を出そうとしていない子に対する鳥山さんの指導の仕方でした。「孫悟空」の映画では、鳥山さんが出演している子どもに対してかなり鋭く立ち向かっていた場面を思い出していたからです。しかし、ここ賢治の学校ではゆったりした緩やかな指導の仕方でした。おそらく鳥山さんは長いスタンスで子どもたちとの付き合い方を考えて、そのように構えていたのでしょう。ここでは八年間担任という、長い期間の学級担任制の長所でしょうか。

様々な大きさのリコーダーでの「八木節」は圧巻でした。子どもたちが自信をもって演奏していました。

音響学　ヨーゼフ・フォン・アイヒェンドルフ

すべてのものに／歌が眠っている／いつもまどろみ眠っている

もし君が／魔法のことばをみつけたら／世界は歌を歌いはじめる

黒板に右の詩を貼ることから次の授業が展開しました。

音とは何か、響くとはどういうことなのか、子どもたちとのやりとりの中で、試行錯誤しながら丁寧に解き明かしていくという授業でした。一人ひとりがどう考えるのか、友達が言ったことに対してどう思うのか、一つ一つ実に丁寧に集団思考しているようでした。穏やかな静かな空気の中で授業は進行していくのですが、単に聞くというのではなく、主体的に聴いている感じが伝わってきました。

この後ゲル（註、モンゴルの建物）での音楽の授業、教室に戻っての手仕事（裁縫）の授業、英語、オイリュトミーの授業と参観させてもらいました。

学習発表会と授業参観を通して一番感じたことは、学校文化の質の高さと多様性です。楽器では太鼓、リコーダー、バイオリン、馬頭琴まで登場します。身体表現としては劇、能、狂言、オイリュトミー、朗誦、合唱……など枚挙にいとまがありません。まさに賢治が指向した「劇的なるもの」のるつぼがここにありました。

久しぶりに子どもたちの優しさに触れられた一日となりました。ありがとうございました。

子どもたちの心に染みいるように語る鳥山さんの表情は今も私の心に消えることはない。授業後、賢治の学校の教師にならないかという婉曲的な誘いを受けたが、大学の講師をスタートさせたばかりなので柔らかく断った。二〇〇九年、「竹内敏晴を偲ぶ会」を主催したのは賢治の学校だった。私は光栄にも演劇教育の立場から「竹内さんへのお別れのことば」を話させてもらった。最後に話された鳥山さんのことばが胸に染みた。「前妻の二人の子どもたちはなぜここにいないのか……残念だ。」

鳥山さんに最後に会ったのは、できたばかりの竹内敏晴さんの映画を見る会でのことだった。（二〇一一年八月二十八日）会釈はしたが、ことばを交わさなかったことが少し悔やまれる。

＊

鳥山さんは私にとって実に大きな存在だった。「ニワトリを殺して食べる授業」「ブタ一頭丸ごと食べる」などの命を見据えた授業、「からだ」そのものを問うた演劇表現教育「みんなが孫悟空」の実践など、これからじっくり実践総括・評価されなければならない。間違いなく言えることは、これらの実践は日本の教育実践史に残るということである。

私には竹内さんや鳥山さんを見ながら教師を続けてきたという実感がある。生涯一教師だった鳥山さんにどこまで近づけるのか、もう少し大学や地域で頑張ってみようと思う。

副島功の仕事

二〇一四年七月三十一日、日本演劇教育連盟（演教連）前委員長の副島功さんが亡くなった。享年八十歳。演劇教育の先達として常に私の前を歩いていた人で、その喪失感は計り知れない。

私が演教連の常任委員になったのは一九七〇年代の後半のこと、ほどなく『演劇と教育』の編集部に所属することになったが、そこには冨田博之さんや副島さんがいらした。当時の編集代表は葛岡雄治さんだったがしばらくして副島さんに交代する。その十年後、私が編集代表につき、副島さんは委員長になった。彼が病気で入院するまでのほぼ二十年間、編集会議や常任委員会などで、月に数回は常に行動を共にしていた。私にとって演教連で最もことばを交わし、影響を受けた一人である。

副島さんは博学、博識で様々な分野に通じていた。中学国語教師として文学はもちろん、演劇・教育に関する知識も豊富で、人脈は幅広かった。

副島さんの真骨頂はやはり編集の人ということになる。企画を考え、原稿依頼から原稿を読み校正することなど、現場教師が楽にこなせることではない。しかし「こういう仕事が好きなんだよね。」と事もなげに語る。

副島さんは巧みな話術を駆使する対談の名手と言ってもよい。名だたる演出家や俳優、教師などを招いて、彼らの一番優れたところを引き出す人だった。夏の研究集会では、上演した生徒たちへのインタビューは和気藹々のユーモアにあふれたものだった。

連続企画「演劇教育実践シリーズを読む」は、副島さんといつもペアで共同研究に参加させていただいた。(拙著『実践的演劇教育論』晩成書房、巻末参照)

副島さんは井上ひさしばりの「むずかしいことをやさしく、やさしいことをおもしろく」という名文家でもあった。『冨田博之追悼文集』「冨田博之＝演劇教育における仕事」、『演劇教育入門』(演教連編、晩成書房)「創造的な劇指導」「中学校の劇指導」、『新・演劇教育入門』(演教連編、晩成書房)「劇指導の基本となるもの」などに今でも教えられる。

副島さんは大病後、市橋久生さんの協力で「演劇教育の『原点』を考える会」を立ち上げ十数回続けた。二ヶ月に一回ぐらいのペースで、演劇教育の実践記録を読んだり、演劇鑑賞教育について考えたりした。私が、二〇一三年から、全劇研講座「演劇教育の原点を探る」(冨田博之の演劇教育論、小池タミ子の劇あそび論、竹内敏晴から学んだこと)を開催したのは副島さんの意志を引き継ぐ試みであった。

親分肌で明るく、豪快で、熱い人だった。そして、ユーモアたっぷりでありながら、喧嘩っ早いところもある、実に人間くさい人だった。

副島さん、いただいた吉野弘詩集『感傷旅行』(葡萄社)読み返しています。いろいろありがとうございました。合掌。

辰嶋幸夫のドラマ

二〇一五年八月二十六日、脚本研究「森の会」の重鎮、辰嶋幸夫さんが逝去された。九月の例会に欠席されたので、会の代表の新井早苗さんが連絡を取ってくれて、家族から訃報を知ることになった。連絡を受けた時、私は、あんなに元気一杯だった辰嶋さんがなぜと、呆然自失。

月一回の例会に辰嶋さんはここ数年はほぼ出席されていた。しかし、私が最後に彼に会ったのはその年の五月の例会だった。この時、辰嶋さんは私に「辰嶋幸夫　創作戯曲　年譜」を手渡された。（後掲）かねてから彼がどんな脚本を書かれたのか知りたいと私が言っていたからだろうが、なぜ今私になのかとは思ったものだ。Ａ４、四枚に少し手書きも加えて、約八十作品がワープロで打ち込んであった。

六月の例会に私は大学授業の一環の教育実習校見学で珍しく欠席したが、辰嶋さんは伊集院静原作の脚色「むしかご」を携えて出席されたという。七月出席の際にそれを頂いたが、その時辰嶋さんは欠席だった。前書きになぜか「遺作」と書かれていたのが気にはなった。

そして、次の例会が九月ということだったのである。

辰嶋さんとは七〇年代後半に同じ日本演劇教育連盟（演教連）常任委員として出会っていたのだが、彼が中学校の管理職を目差すようになって常任委員を辞退し、疎遠になっていった。ただ演教連としては、毎年の脚本募集の選考委員として生涯途切れることなく活躍していただいた。

辰嶋さんと親しく話を交わすようになったのはここ十年であった。二〇〇五年三月に私は小学校の教育現場から身を引いた。定年まで五年を残しての早期退職だった。相変わらず「演劇と教育」の編集代表だったが、多少自由な身となり、今までできなかったサークル活動に参加するようになった。それが「劇あそびと劇の会」と「森の会」だった。「劇あそびと劇の会」では平井まどかさん、「森の会」では辰嶋さんの話をおもに聞きたいという思いからだった。

実は平井さんも辰嶋ファンで、私と同時に「森の会」の聴講に参加していた。そのあたりの事情を平井さんは次のように綴っている。

「（「森の会」参加の）きっかけは、その頃、辰嶋幸夫さんが研究されていた岸田國士についての戯曲論を傍聴させていただいたことだった。私の記録によると、二〇〇七年一月の例会で取り上げられた岸田國士『感化院の太鼓』が始まりで、その時は辰嶋さんの〈作品随想〉プリント四枚にびっしり印刷されていて、その内容がめっぽう面白かったのでそれから聴講にはまってしまったのである。その後岸田國士の戯曲は『犬に鎖は繋ぐべからず』『女人渇仰』と続き、劇作家も田中澄江になり、やがて辰嶋さんや同人の皆さんご自身の作品を読ませていただくことになり、今日に至っている。」（同人誌「森の劇場」三号、あとがき）

辰嶋さんは途中体調を崩され、一、二年欠席されることがあったが徐々に回復され、旧作の改稿、寺山修司などの原作の脚色を精力的に続けられた。辰嶋さんの話を聞きたいという我々の願いに彼が応えてくれた表れだった。私の責任編集「森の劇場」四号はまさに辰嶋さんのために作ったものだった。それを手にした彼の満足そうな表情が忘れられない。

私は「辰嶋幸夫　創作戯曲　年譜」をながめながら、「辰嶋幸夫戯曲全集」というような脚本集が作れるだろうと思ったものだ。少なくとも中学校向脚本集、寺山修司作品脚色集の二冊は間違いなくできると思う。

亡くなった年の半年で数本の脚本を精力的に書かれた。辰嶋さんは最後の「森の会」で、「私は死なないのじゃないかと思う。」と言ったという。

辰嶋さんは最期まで「劇作家」だった。

辰嶋さんはドラマツルギーということばを好んで用いた。「辰嶋幸夫のドラマツルギー」は他日を期したい。

●辰嶋幸夫　創作戯曲　年譜（辰嶋幸夫作成、福田三津夫補足）

＊…未上演脚本作品（作者の知る限りにおいて）

《　》…受賞

一九六三年　「うばすてやま」（民話劇・中学向）　深沢七郎「楢山節考」原作（脚色）東京・尾竹橋中演劇部用
「あこがれ」（生活劇・中学向）劇団若草初演〔「演劇と教育」一九六四年十月号〕《第五回演劇教育賞（日本演劇教育連盟）》
一九六四年　「崩るとすれや」（現代劇・一般向）＊
「バイバイ・マッキー」（生活劇・中学向）東京・中台中演劇部用
「夢みていたい」（生活劇・中学向）東京・中台中演劇部用〔「演劇と教育」一九六六年二月号〕
「雨に泣く」（生活劇・高校向）東京都立忍岡高校演劇部用〔「演劇と教育」一九六八年十一月号〕
一九六五年　「生徒総会」（生活劇・中学向）東京・和光学園中三年学級劇初演
「ジュリーのパートナー」（生活劇・中学向）東京・文京六中演劇部初演

一九六七年　「わたしは鏡」（教育劇・中学向）東京・練馬中演劇部初演〔国語教科書（中一）用、冨田博之氏との共同作品〕〔「演劇と教育」一九六七年六月号〕
「少女と雨傘」（生活劇・中学向）《一九六八年度全国中学校演劇教育研究会長賞》〔「演劇と教育」一九六九年二月号〕

一九六八年　「忘れじの丘」（生活劇・中学用）
「湯帰りの道」（生活劇・中学向）以上三作、東京・中台中演劇部用
「全員集合午前6時」（生活劇・小学向）岐阜市内・小学校初演

一九六九年　「どぶどろ」（生活劇・中学向）東京・練馬中演劇部用〔「演劇と教育」一九六九年七月号〕
「ガラスの向こう側」（現代劇・一般向）劇団やわらぎ用

一九七〇年　「ツリコの会」（生活劇・中学向）東京・中台中演劇部用〔「演劇と教育」一九七〇年四・五月号〕

一九七一年　「幸福な王子」（童話劇・中学向）オスカー・ワイルド原作（脚色）東京・戸塚一中演劇部用〔「演劇と教育」一九七二年十二月号〕
「回転木馬」（ファンタジー・中学向）モルナール原作（潤色）戸塚一中用

一九七二年　「禁漁区」（生活劇・中学向）池上遼一原作（脚色）＊
「おお、ピノキオ」（童話劇・中学向）コロッディ原作「ピノキオ」（脚色）東京・石神井西中演劇部初演
「もう一人のピノキオ」（童話劇・小学中学向）劇団パレット用〔「演劇と教育」一九七六年十月号〕

一九七三年　「背番号24を送る」（シュプレヒコール・中学向）卒業生を送る会用　東京・戸塚一中在校生用
「画家とカメラマン」（パントマイム・小学向）東京・豊玉二小五年学級初演

一九七五年　「しあわせな王子」（放送劇・小学向）＊

一九七七年　「池に住む水の精」（童話劇・一般向）グリム原作（脚色）戸塚一中演劇部用〔「演劇と教育」一九七八年七月号〕
一九七八年　「泥鶴」（民話劇・一般向）東京・戸塚一中演劇部用
一九七九年　「今日でお別れ」（生活劇・小学向）＊
一九八〇年　「鞭を持つ少女たち」（生活劇・高校向）大阪・四天王寺高校演劇部用
《ここまでの創作活動により一九八〇年度日本児童演劇協会賞を受賞》
一九八一年　「流れ星の宿　敗戦焼け跡秘話」（歴史劇・一般向）劇団やわらぎ用
一九八二年　「春は夜汽車の窓から」（生活劇・中学向）三浦哲郎原作による脚色
一九八三年　「そして誰もいなくなったが…」（現代劇・中学向）深沢直樹原作「裁かれる者は」の改作　東京・牛込一中演劇部用
一九八四年　「ひとり旅」（生活劇・中学向）札幌・月寒中演劇部初演
一九八五年　「鹿沢」（狂言・一般向）＊
一九八六年　「ドラマに生きる」（シナリオ・中学向）教育ビデオ（演劇クラブ入門）
「オルフェイスの竪琴」（童話劇・中学向）東京・開中演劇部原案の潤色　東京・牛込一中演劇部用
一九八七年　「ドラキュラ幻想　ブラッド・カンパニー東京支社」（人形劇・一般向）＊
一九九二年　「幌馬車の唄　台湾2・28事件秘話」（歴史劇・一般向）札幌・月寒中用、二〇一三年補作
一九九三年　「年老いた雌狼と女の子の話」（戦争童話劇・一般向）野坂昭如原作の「戦争童話集」からの脚色
一九九七年　「ハロー、アロー・ダック」（ファンタジー・中学向）札幌・月寒中演劇部用
「まゆみの五月晴れ」（生活劇・中学向）札幌・月寒中演劇部用〔「演劇と教育」一九九九年一・十二月号〕
一九九八年　「ナイフの刃の上で」（生活劇・中学向）札幌・八条中演劇部用

一九九九年
「千登世橋挽歌」（生活劇・中学向）札幌・八条中演劇部用
「サマー・タイム　貝殻に書いた名まえ」（詩劇・中学高校向）寺山修司原作（脚色）札幌・八条中演劇部用
「餓鬼棄て山」（ファンタジー・中学高校向）札幌・八条中演劇部用
「七曲坂を登って」（生活劇・中学向）札幌・東白石中上演
「ねずの木の子守歌」（大人の童話劇・一般向）グリム原作「ねずの木の話」による脚色
「父に逢いたい」（生活劇・中学向）伊集院静原作「クレープ」による準脚　札幌・八条中演劇部用
「モールで拾った花」（一人芝居・一般向）＊
「誰かが母の日を…」（生活劇・中学向）札幌・八条中演劇部用

二〇〇〇年
「ぼくのモナリザ、あたしのマイケル」（生活劇・中学向）八条中演劇部用
「白鳥のブラウス」（大人の童話劇・一般向）グリム原作「六羽の白鳥」による脚色
「身投げの宿」（ファンタジー・中学向）井上靖原作「死と愛と波と」による準脚色　東京・板橋三中演劇部用
「坂の多い町で」（現代劇・一般向）＊

二〇〇一年
「踊りつかれた姫君たち」（童話劇・中学高校向）グリム原作「踊ってすりへった靴」による脚色　札幌・東白石中演劇部初演
「ＤＲＥＡＭＬＩＫＥ　ＭＡＭＡ」（生活劇・中学向）札幌・八条中用
「お仙ころがし」（民話劇・中学高校向）＊
「ＳＷＥＥＴ　ＷＡＴＥＲ」（中学向）札幌・八条中演劇部用
「Ａ　ＣＨＡＮＣＥ　ＭＥＥＴＩＮＧ」（生活劇・中学向）八条中演劇部用

「ＳＮＯＷＢＲＥＡＫ」（生活劇・中学向）＊八条中演劇部用

■以上、三部作

二〇〇三年　「ライターーを売る少女」（生活劇・中学向）札幌・八条中演劇部用

二〇〇四年　「幸福な案山子」（ファンタジー・中学高校向）札幌・柏丘中演劇部用

二〇〇五年　「廃家の螢狩り」「ファンタジー・中学向）東京・原中演劇部用

二〇〇六年　「スガンさんの山羊」（ファンタジー・中学高校向）ドーデー原作「風車小屋だより」による脚色　東京・東綾瀬中演劇部用〔「演劇と教育」二〇〇五年十月号〕

二〇〇九年　「寺町の竹藪」（時代劇・中学向）岡本綺堂原作（脚色）東白石中演劇部用〔「森の劇場」三号〕

「てつがくのライオン」（詩劇・小学中学向）＊工藤直子原作による脚色〔「演劇と教育」二〇〇九年七月号〕

二〇一〇年」「愚俚夢もどき－アイドルたちの行く末は」（ファンタジー・中学向）札幌・東白石中演劇部用

「愚俚夢もどき―ある心残り」（ファンタジー・中学向）東白石中演劇部用

■以上二作、グリム原作のいくつかを混合した準創作

二〇一二年　「乙女伝説と太郎ども」（童話劇・中学高校向）東白石中演劇部用

「新瘤取り譚」（童話劇・中学高校向）東白石中演劇部用

二〇一三年　「忘れた領分」寺山修司原作・辰嶋幸夫潤色、〔「森の劇場」三号〕

「ハロー・アロー・ダック」一九九三年冬の幻想

「幌馬車の唄」―台湾２・28事件秘話―（台湾映画「非常城市」より）

二〇一四年　「鋏を持つアリス」（童話劇・中学高校向）寺山修司原作による脚色〔「森の劇場」四号〕

「思い出内科」（童話劇・中学高校向）寺山修司原作による脚色〔「森の劇場」四号〕

二〇一五年　「まぼろしのミレナ」（童話劇・中学高校向）寺山修司原作による脚色
「かくれんぼの塔」（童話劇・中学高校向）寺山修司原作による脚色
「壜の中の鳥」（童話劇・中学高校向）寺山修司原作による脚色
「海のアドリブ―ビーチ・シアターの試み―」（推理劇・一般向）寺山修司原作による脚色
「むしかご」（一般向）伊集院静原作による脚色　＊遺作

●「森の会」での話題提供

辰嶋さんはほぼ毎回、私たちに話す内容を成文化し、さらにその話題に関する脚本などを用意してくれた。「作品随想」というタイトルで、数回にわたって話題提供してくれた。「作品随想」の内容と参考資料を記しておく。

◎作品随想
・「アプレ・ゲール歎」…岸田國士論
・「『感化院』という楽園」…資料「感化院の太鼓」（一場）岸田國士
・「岸田國士の喜劇性」…資料「犬は鎖に繋ぐべからず」岸田國士、「女人渇仰」岸田國士
・「中学生のアイディンティティ！(1)」―なぜ高校生向きの脚本ばかりやるのか？―
・「対話劇の醍醐味(2)」―明治生まれの女の憧憬、希求、確信―…資料「鋏」田中澄江
・「脚色したくなる名作とは」―かつて愛読した古典、絵画のような、音楽のような―

◎参考資料
・「感化院の太鼓」（一場）岸田國士
・「犬は鎖に繋ぐべからず」岸田國士

・「女人渇仰」岸田國士
・「鋏」田中澄江
・「ターイエンホー――ぼくの乳母」艾青（アイチン）作、小笠原治嘉 訳

渡辺茂の劇づくり「ＬＯＶＥ」

Ⅰ

私のような現場教師にとって、児童劇・学校劇を鑑賞するというのは決して多いことではない。いわゆる専門的児童劇団の演ずる児童劇は、演劇教室担当者としても、近隣の学校で公演が行われる際なるべく数多く観ておく必要があり出張することもある。また注目すべき演出家、劇団による初演なども休日でも時間を工面して馳せ参じることにしているし、地域の子ども劇場の会員としての観劇などを合わせると、それでも年間十作品を越える程度であろうか。

学校劇ということになると、なおのことその観劇の機会が少ないのは現在の学校教育の在り方と無縁のことでは決してない。最近、新学習指導要領の改訂に伴って「ゆとりの時間」が打ち出され、多少劇的活動は見直される傾向にあるものの、国語科教科書における劇教材の軽視は以前のままであるし、教育現場における唯一の演劇的活動とも言える学芸会・文化祭は二年に一度であったり、三年に一度という学校も珍しくない。私の学校でも学芸会は二年に一度であり、毎生実施の方向を目差そうとする熱意も「劇は大変だ」「学習進度が遅れて困る」という教科中心主義の声にかき消されてしまうのが実情である。

自校の演劇活動をより質の高いものへと願う私はなるべく多くの学校劇を観んがためにとび回る。近隣の小・中学校で行われる学芸会・文化祭、さらに東京都小学校連合学芸会・東京都中学校連合演劇発表会である。こうしたことが比較的可能なのは、私が学級担任ではない家庭科専科という立場だからでもあろう。

Ⅱ

さて、このように児童演劇評論家のようには多くの舞台を観ていない私としては、原稿枚数の関係もあり論評を学校劇に絞ってみたいと思う。

前掲の近隣の小・中学校、さらに連合学芸会・連合演劇発表会などを参観するたびに、少数の上演劇を除いて、日本の演劇教育の貧困さを感じさせられ暗い気持ちになってしまう。いわゆる「学芸会的」演技が相も変わらずはばをきかせている。

〝指差し〟演技とも言われ、「あなた」と言って相手を指で示し、「大きい山」と言っては、手で丸を作るといった具合である。登場人物が対話しているのに、相手の人に話が届いていないし、だから観ている人にも話しているように感じられない。島民の談合の場面で台詞を言う子が次々と立っては坐るといったワンパターン。こうした演技が現在も堂々と学校教育に存在し、中核をなしているということは、主として教師に大きな問題があることは言うまでもない。教員養成大学で演劇は必修ではないし、現場に出てから演劇の研修を積極的に準備している教育委員会はほとんどない。「教師は演出家でなければならないし、授業はドラマそのものである」と言われることがある。しかし、教師自身に演劇的経験が皆無な中で、どうして「ドラマのある教室」が生まれてくるだろうか。

最近組合活動の一部として演劇が取り上げられ始めた。婦人部が主任手当拠出金の一部を活用し、子ども達にかなり質の高い児童劇を観せたり、教師を対象として専門の演出家を呼んで、演劇入門講座を開いたりしている。しかし、これもなぜ教文部の一つの大きな柱として他教科、領域と並んで演劇が積極的に位置付けられないのか、疑問は残る。

Ⅲ

こうした演劇軽視とも思われる学校文化情況の中で、演劇教育を学芸会だけに限らず、全教科、集会、行事などに有効に取り入れようとしている民間教育団体の一つに日本演劇教育連盟が在る。一九三二年の学校劇研究会、一九三七年の日本学校劇連盟が今日の日本演劇教育連盟とつながっているということは、連盟が日本で最も古い民間教育団体の一つとして成立したことに他ならない。

日本演劇教育連盟（以後、連盟と略す）は「卒業式を創る」講座、脚本創作講座、「教育オイリュトミーとワークショップ」、「演劇教育合宿セミナー」、人形劇講座など多彩な催しを開いているが、その最大のイベントは夏に開かれる全国演劇教育研究集会（以下全劇研）である。私も連盟の常任委員としてその機関誌『演劇と教育』（連盟編集、晩成書房発行）の編集に携わっている。

全劇研の特長の一つでもあり、参会者の楽しみの一つはなんといっても劇上演である。小・中、ある時は高校と三本の劇が上演され、この劇上演が三日間の大会の中心話題となっていくと言っても過言ではない。ここ三年間の全劇研は東京で開催されたが、上演劇は次の通りである。

・一九八〇年（第二九回、日本教育会館）
「ニイハオの国から」（板橋区立下赤塚小六年、作・指導／葛岡雄治）
「しらけ仮面」（練馬区立大泉西中演劇部、作・指導／正嘉昭）

・一九八一年（第三〇回、日本青年館）
「運動会は……」（葛飾区立亀青小演劇部、作・指導／梶本暁代）
「棄権」（文京区立文京一中演劇部、作・指導／小野川洲雄）
「ナナハン・ララバイ」（山崎学園富士見高校演劇部、作・指導／西沢周市）

・一九八二年（第三一回、日本教育会館）
「『鬼ごっこ』ゴッコ」（練馬区立田柄第三小演劇部、作／ふじたあさや、指導／佐佐布和子）
「ＬＯＶＥ」（板橋区立赤塚第三中演劇部、作・指導／渡辺茂）

参会者は年々増加の一途をたどって、八二年は千人の大台を突破した。

Ⅳ

全劇研での上演劇は常任委員会・実行委員会の推薦の指導者の勤務する学校の児童・生徒が演じるのであるから、一定の水準に達したものであることは言うまでもない。八二年は、小学校では田柄三小の演劇部ののびのびとした子どもらしい自由な演技に対し惜しみない拍子がおくられたことは『日本の演劇教育'82』（連盟編集・発行）や会報「かもめ」に詳しい。

小学生が「かわいらしさ」で会場の共感を呼ぶのに対して、中学生の「大人」ぶりにはその発達、成長の較差に驚愕するのである。とりわけ今回の、渡辺茂氏指導「ＬＯＶＥ」には大きな期待が寄せられていた。渡辺茂氏と言えば、おそらく中学演劇の指導者であればほとんど知らぬ者がないというあの「人形館」の作者なのである。かつて、朝日新聞は次の様に報じたことがある。

「東京・池袋の、ある中学校の演劇部の生徒と先生がつくった劇が全国の演劇好きの中学生たちの心をひきつけている。二十五、二十九、三十日の三日にわたって聞かれている東京都中学校連合演劇発表会に出演する二十一校のうち六校がこの劇を演じる。ほかに市、区の発表会で上演した中学校も多い。全国的にも、福岡、山口、奈良、愛知など各地の中学校、さらには高校で上演されており、この劇を取り上げた学校は数百校にのぼるとみられている。もちろん中学校演劇界でも珍しいこと。その劇は『人形館』（東京都豊島区雑司谷中学校・沢田隆子原案・渡辺茂作）。

中学生の家出を描いた、この劇がなぜ中学生の心をとらえるのか——」（八〇年一月二十七日付）

家出した主人公春野香が「人形館」に迷い込み、最終的には自分も人形になってしまうというクライ劇が、なぜ空前（おそらく、現在まで千校をはるかに越えたであろう）のブームを呼んだのかは、前掲『演劇と教育』（七八年九月号）か『新作中学校劇脚本選』上（連盟編集、国土社）を読んでいただくしかない。

渡辺茂氏は中学校美術教師として十年目（豊島区立雑司谷中で八年、板橋区立赤塚第三中で二年）を経過しようとしているが、その間常に演劇部担当教師として生徒と創作劇を、平均年二本ずつ上演させてきたのである。現在まで二十本以上の劇に共通の点は次に要約されているようだ。

①生徒が自ら発案構想を提出し、それを全体で討論し、劇づくりをしていく（自分たちの表現は自分たちで責任を

持ち創っていくという方針）。

②　かならずメンバー全員が出演できるような劇を創る。

（『演劇と教育』八〇年八月号）

すなわち、劇に子どもを合わせるのではなく、子ども自身に劇を合わせる発想がここにはみられる。あくまで子どもの感性から出発し、子どもの台詞で語るのである。

「民主的な学校とは、子どもが先生の言うことをきく学校ではなく、先生が子どもの言うことをきく学校である」といったのは今も七十を過ぎ活発に「おやこ新聞」を発行する在野の教育者、戸塚廉氏であるが、それを演劇の分野で実践し続けるのが渡辺茂氏であり菅龍一氏である。

「子どもを信頼さえすれば創作劇はできる。子どもと一緒に一歩を踏み出す勇気を持っているかどうかが」と菅氏が語ったことがある。渡辺茂氏は「グダグダ」と生徒と討論し、徹底的に付き合い続けてきた人間なのである。

V

「ＬＯＶＥ」とはどんなミュージカルなのか、渡辺氏に語ってもらおう。

「そんなこんなで時はすぎ、一学期の期末テストもせまってくる。構想のタイムリミットである。前からポツポツ出ていた『スタイルから決めちゃおう！』ということになる。

メンバーが共有している劇のスタイル（この場合、内容も多少含まれている）が口にされる。『人形館』『夢塾』（昨秋つくった劇）路線は重すぎて夏場はダメ、『ＨＥＲＯ！』路線がいい、という。これは雑演（前任校＝雑司谷中学演劇部）の時つくった、バリバリのロックミュージカル。メンバーはビデオという便利なものでこの劇を共有していた。そうなのだ。この劇も全国中学校演劇研究集会の夏公演のためにつくった劇なのだ。やっぱし夏場はＴシャツ一枚で、バリバリのロックミュージックにのって、肉体も精神も汗だらけ！　という劇をやってみたいものなのだ。〝汗だらけ的感動のある劇をやりたい〟これがメンバーたぶん全員の欲望というものだろう。ついでにいうと、秋はなぜかしら重い感動のある劇、『送る会』公演はなにかしら教訓的感動のある劇を欲望するようだ」（『演劇と教育』八二年十一月号）

ストーリィは割合単純なのである。〝汗だらけ的感動のある劇〟であるから必然的にこうなってしまうのはやむを得ない。まじめでごく平凡な少女（愛子）と不良の少年（健一）との出会いと別れを、歌と踊りのロックミュージカルでくるんだ〝ＳＨＯＷ的な劇〟であった。

劇の構成は、プロローグと八場から成る。

プロローグ

ノーカーテン。暗い舞台から始まる。少女・先生（影1）がしゃべり出すと、そこに明り。舞台中央に少女。その後方、高台に影の先生。少女の左右に人物群、先生の左右に影群。シルエットに浮びあがる。

少女　先生！　愛ってなんですか？（少女の左右の人物群、ピクッと動く。）

先生　フム、それは、素晴しいものです。

影たち　愛こそすべて！（ポーズ）（「音」）

（「ダッ」というドラム・ベースの単音。その音で人物群、ビッと動く。次からのセリフの「音」の部分において全て、人物群少しずつ動き、後を向く。）

先生　君も、多くの愛に包まれている。（「音」）
影たち　親の愛！（ポーズ）（「音」）
　家族愛！（ポーズ）（「音」）
　師弟愛！（ポーズ）（「音」）
　友愛！（ポーズ）（「音」）
　隣人愛！（ポーズ）（「音」）
　人類愛！（ポーズ）（「音」）
　宇宙愛！（ポーズ）（「音」）
　恋愛！（ポーズ）「音」二回
先生　そう！　愛がなければ、生きてはいけない。
影たち　愛こそすべて！（ポーズ）（「音」）
先生　人は愛という糸でむすばれ、ささえ合って生きているのです。
影たち　生きているのです。（ポーズ）（「音」）
先生　愛することが生きること。生きることとすなわち愛！　なのです。
影たち　愛こそすべて！（ポーズ）（「音」）
先生　自覚するのです！　そして、誠実に生きるのです。
　そう、愛にそむかぬよう……。
影たち　裏切ることはいけません！（ポーズ）（「音」二回）
先生　そうです君！　愛こそすべてです。
影たち　愛こそすべて！（半転）（「音」ダッダッダーン）

※「愛のメッセージ」の歌と踊り（全員）

第一場＝うわさ的ナレーター六人により愛子が紹介される。ごく平凡で純真な少女であり、友達に好かれる子でもある。

第二場＝「ガラス箱の花のように」ワルツ風に、少女のことをうわさ的ナレーターが歌う。愛子と少年（健一の出会い。不良グループにゆすられているところを健一に助けてもらう。

第三場＝愛子と健一の二回目の出会い。デートの約束をする。

第四場＝愛子と健一のデート。「二人はベンチに坐って」うわさ的ナレーターと影たちがスイング風に歌い踊る。

第五場＝健一が不良グループの仲間であることを、友だちが愛子に告げ口する。愛子、ディスコに向う。「心が騒ぐ」の音楽。

第六場＝「今夜は最高！」ディスコの歌を全員で歌い踊る。ディスコで愛子と健一の出会い。一緒に踊ろうとする愛子と、帰そうとする健一の口論。健一と不良少年トシが乱闘となり、警察が来る。

第七場＝愛子は先生・母・友だちから、健一は不良グループから交際をやめるよう詰問され、二人とも同意させられる。

第八場＝ある昼下り、二人は再び出会い、別れる。そして少女の最後の台詞――。

少女　健一さん、もう一つ聞いていいですか？　愛ってなんですか？　聞いてばっかりいるのってずるいですね。そうですよね。私、本当は、分ってるのです。「今日は。」って言うことですよね。私大丈夫です。又、今度健一さんに会ったら、「今日は。」そう明るく「今日は！」と言います。それでいいんですよね。

（「愛のメッセージⅡ」の歌になり、友だち、不良たちが舞台上下より、影たちが舞台奥の台に、うわさ群が客席の通路より現われ、歌う。その歌にかき消されながらも、愛子、しゃべり続ける。）

少女　私、とてもハッピーでした。本当です！　あんなのはじめてです。いつも楽しかったけど、健一さんとお話している時、ほら、二人でベンチに坐ってただ黙って……おかしいですね。おしゃべりしなくっていいなんて……でも私、勝手だったかもしれませんね。やっぱり自分のことしか考えなかったんですね。
（延々としゃべりかける。）
※「愛のメッセージ」の〝愛こそすべて！………〟のリフレイン。みんなが去り、少女一人残り歌う。音楽、照明消え、幕。

上演時間約五十分、出演者二十三人、ギンギンのロックミュージカルの中心はなんといっても歌と踊りである。劇の構成と演出を教師と生徒の集団で創造していく方法は、歌と踊りでも同様である。

雑演、赤三演の場合、なんといっても圧巻は歌のアレンジと演奏である。バンドはＣＲＥＡＴＩＶＥ・ＭＥＮ、「人形館」づくり以来の付き合いという。素人なら超一流である。「踊りはやったことがない。」という渡辺氏だが、大学での演劇部の体験がおそらく生きているのではないかと思う。

七月三一日の公開練習の時には第六場、ディスコ「今夜は最高！」の踊りと歌までだったので、あとの三分の一が完成するのか多少不安だったが、渡辺氏は余裕綽々だった。さすがに本番の八月五日では、バッチシきめたのだった。

Ⅵ

八〇年の正嘉昭氏作・指導「しらけ仮面」がそうであったように、優れた劇は賛否両論を惹起させる。演劇はまさに主観である。

「LOVE」についての子ども（演劇部の子が多かったようだ）や大人（教師や親）の反応については前述の「かもめ」や『日本の演劇教育'82』に詳しい。

同世代の中学生はほとんどこの劇に圧倒され、共鳴するところが多かったようだ。

「一言にいって感動した！　最後の方に感動して泣いてしまった。」

「本当に同じ中学生なのかな……と思いました。わが中学校の演劇部など足もとにもおよばないでしょう。」

ただ、中学校演劇部顧問である野村正美氏は次のような生徒の声を紹介している。

「LOVEというけれど、中学生としてそのような感情をもって付き合っている、という人はどのくらいいるだろうか。好きとか嫌いとかいうことはあっても、LOVE＝愛とまで感じている人はいないのではないか。」

「もし、LOVE＝愛という感情があったとしても、その前の段階が弱いのではないか、助けられた＝愛では唐突ではないか。」

大人の批判の中（特に教師に多い）に次のような意見が割合多いのに驚かされる。

「ミュージカルとしては面白かったが、ドラマとしては今ひとつ、といったところが正直な感想である。ストーリーとしても、ディスコ騒動のあと愛子と健一がどう生きるかが問題であるし、そこから先の発展がほしい。あのままでは愛子にとってこの先どう生きるかの解決が、いや指針も出ていない。現状のままのくり返しが起るのではないか。いまの中学生にとって、愛子はごく普通の女の子であり、自分はどうすればいいのか分らない子があまりにも多すぎる。」

更に、ある演出家が気になる発言をされていた。

「すごく生き生きしていてすばらしいなと思ってみていたのですが、自分の本当の内側から出てきた形と一寸ちがって、なんかテレビで見た形であったり、東京キッドで見た形であったりして、そういう形にのった時、初めて生き生きするというように思えてきて、後半、実はよえなくなりました。」

批判点を整理すると次のようになろう。

⑴この「ＬＯＶＥ」はドラマ性に欠け、教育的配慮、がなされていない。

⑵踊りの部分で迫力はあったが、どこかで見たパターンで本当に生き生きしていたか。

教師の意見に⑴が多いのが実は日本の教育の実情そのものなのではないかと思い、身震いするほどである。教師はなぜこうも子どもを「指導」したがり良い子を求め良い集団にしたがるのか。子どもという存在が常に「教える」対象でしかないことをこのことは暴露している。解決の道が示されていなければ子どもは迷路に入ってしまうと思い込んでいるようである。ここには子どもを一個の人間として信頼しようとはしていない態度が隠されている。愛などというテーマはこの「ＬＯＶＥ」だけでなく、どの劇も、どの小説も、どの映画も、一体これで描ききれたというものがかつてあったのか。ないからこそ、いやあってもまた、様々な角度から追求されるのが愛というテーマなのである。今迄の学校教育は恋愛ということをほとんどタブー視してきた。教科書の中に愛とか性が扱われるのは本当にまれなことであった。学校劇もその例外ではない。童心主義的な、道徳主義的な学校劇を日本の教師が好むのは何に由来するのか。学校を一つの特殊空間、聖域としたい「聖職者」に支配されるのが、今の日本の教育なのではないか。

⑵の批判は考えさせられる問題提起であるが、「ＬＯＶＥ」に関していえばこれは杞憂にすぎないことは一四三頁にわたるガリ刷りの赤三演機関誌『奈落』（特集・劇「ＬＯＶＥ」公演後記）を読むだけで充分納得できることである。一つだけあげよう。愛子役の門井百合子が最後に次のように書いている。

「〝あなたにとって演劇とは何ですか〟ときかれて、今ならこたえられます。〝演劇こそすべてです！〟最高でした！　〝ＬＯＶＥ〟大好きです！」

こう生徒に告白させてしまう渡辺茂氏の強烈な個性、発酵力は何によって培われたか。正真正銘のやくざを父にもち、大学生活を全共闘世代として活動した原体験が彼の本質に常にあることは否定できない事実である。学校劇・中学演劇の中に従来とは方法を異にした、全く新しい感性の指導者、渡辺茂氏と正嘉昭氏にこれからも注目しなければならないだろう。

「こうしてミュージカル『LOVE』がなんとかできた。メンバーは満足そうであった。今回のあの手この手は〝SHOW的な劇〟〝踊りたい〟〝こんな劇をつくりたい〟というメンバーの欲望を足し算的結果としての表現であったと思う。〝ミュージカル〟を〝劇〟をつくるエネルギーの根源は、いつもそこにあると確信している。そして、現在、赤三演のメンバーは文化祭公演劇を目指し、グダグダした構想討論をまたもはじめたところである。」

（前掲、『演劇と教育』一九八二年十一月号）

［追記］ 本稿は私が演劇教育を志向し始めた頃に、遠藤豊吉さんからの依頼で書いたもの。不十分な言い廻しは赤面の思いであるがそのまま再録した。

渡辺茂さんは惜しくも二〇一六年三月八日逝去された。梶本暁代さんと共同代表だった劇団X探偵社で主役級の活躍をしているのが門井百合子さんである。

演劇教育の原点を探るⅡ

寒川道夫の光と影

Ⅰ　なぜ、今、寒川道夫を問題にするのか

二〇一一年三月十一日、東日本大震災が日本列島を襲った。地震、津波、そして福島原発のメルトダウン。この

天災・人災が日本に与えた影響は計り知れないものがある。とりわけ原発事故が日本の来し方を厳しく振り返り、現在さらには行く末を大きく左右することになった。原発からの電力を供給されていなかった地元の福島、原発立地交付金という形で原発を引き受けてきた日本全国の自治体、原子力村に群がる東大を始めとする御用学者、経済界、最終的にはプルトニウムを取りだして核兵器を作るための原発政策を一貫して推進してきた政府、それはとりもなおさずアメリカ追随の国造りにほかならない。

広島がヒロシマに、長崎がナガサキになったように、福島はフクシマになった。ヒロシマ・ナガサキ・第五福竜丸を体験した日本人が四度、原子の火を浴びた。

フクシマが起こってすぐに脳裏をかすめたのは「燃えろ、燃えろ、第三の火」というある詩のフレーズだった。原始時代に火事からおきを持って来た第一の火、電力が第二の火、第三の火が原子力であるという。小学校の高学年で習った詩の一節が頭の中を駆けめぐる。誰が書いた詩で、どのような内容だったのか、おぼろげに思い出すのみだ。

心のどこかに引っかかりを持ちながら、演劇教育関連の例会に参加していたら、参加者の平井まどかさんが、「私は今でも忸怩たる思いがあるのです。」と言うのだ。彼女が教師駆け出しの時代、確かにこの詩を子どもたちに教えただけでなく、学芸会などでこの詩の朗読や群読を行ったというのだ。今でも付き合いのある教え子たちに。「証拠」となる写真も持っているという。

平井さんは教える体験、私は教えられた体験をもっていたことになる。

果たして気になるこの詩の全文はどうなっていたのか。まずはネットで調べてみた。

興味深い二件にヒットした。一つはやはり被教育体験、あの当時の教育とは何だったのかを問う、悔恨の告白。そして、「第三の火」に繋がる文学教育研究者の話だった。（後述）しかしながら全文を見つけることはできなかった。

だがなぜか、寒川道夫の詩ということが頭の片隅に残っていた。手持ちの寒川に関する文献二、三をあたってみた。そしてついに発見する。『児童詩教育論』（あゆみ出版、一九七九年）にそれは載っていた。以下はその全文である。

第三の火

寒川道夫

大空に　太陽は燃えていた。
地は　ひびわれて　火をふいていた。
ふん火する山、いかる森林、燃える湖。
けものらは　尾をまいてにげまどい、
おののき　ほえるばかりであった。
しかし、この時、人間はたちどまった。
そして　さけんだ。
「火を取ろう！」

火は取られた。
見よ、どうくつの中にちろちろと動くほのおを。
人間は　火を囲み、歌い、語った。
焼いて食べ、全身にしみるぬくみを知った。
けものらは　森深く　ひそみかくれ、

人間は　地球の支配者となった。
――長い歴史が流れた。
火は　人間のちえをのばし、文明を作った。
文明は　はげしいスピードで進む。
それを進めるものは人間の天才、科学者である。
かれらは　ついに　目に見えぬ力をとらえた。
それが電気――第二の火。
この　すばしこいひらめきをとらえた時、
人間の世界は　ついに　空間を飛びこえた。
スイッチ一つで　どんなまほうも使え、
モーターのうなりは　あらゆる生産をふん出する。

文明の歩みは　さらに進む。
三たび　人間のとらえた火、
これこそ　第三の火――原子エネルギー。
しかし、わすれてはならない、
それは　にくしみの火として　最初　広島に燃え、
つづいて　長崎――一九四五年。
一しゅんのひらめき、天にそびえるあくまの足もとに、

つみもない　たましい四十万が　はかなく消えた。
人間は　こんなおそろしい火を　手に入れたのだ。

しかし、人間は知っている。
このおそろしい　はかい力の中に、
無限のたからを産むエネルギーのあることを。
自然に意志はない。
それを決するのは人間――そのちえと良心だ。
人間のちえと良心をためすもの、
それは　第三の火だ。
燃えろ、第三の火。
平和のための良心となって　燃えろ、燃えろ、第三の火。

この本には〈『小学校国語六年上』昭和三四年版・学校図書〉所収と明記されているのだが、巻末の「発表年月・誌紙一覧」には一九五八年版となっている。昭和三四年は一九五九年だから、一年違いということで、どうも腑に落ちない。私は昭和二四年（一九四九年）生まれで、いずれにしても私が三、四年生の時の教科書ということで、六年生でこの詩を習うことは十分可能になる。私の母校、東京都練馬区立豊玉東小学校は当時、学校図書の国語教科書を使っていたのであろう。

ネット検索で興味深い事実に出合った。「第三の火」は教科書掲載では無署名だったばかりか、掲載に当たっては作者・寒川の意に添わない語句修正があったというのだ。

「文学と教育」第三〇号（一九六三年十月十日発行）に〈教科書文学教材の再検討２〉「教科書教材のウラをさぐる」という文章がある。「文学と教育」は文学教育研究者集団（略称、文教研）の機関誌である。筆者は福田隆義（墨田区業平小）とある。少々長くなるが興味深い箇所なので引用しておこう。

◇『第三の火』の作者は気に病む

詩教材で、教科書は〈学図・六上〉です。作者は教科書にも書いてないので特にふせます。長いので四連だけを転記します。

文明の歩みは　さらに進む。
三たび　人間のとらえた火、
これこそ　第三の火――原子エネルギー。
しかし、　わすれてはならない、
それは、　にくしみの火として　最初　広島に燃え、
つづいて　長崎――一九四五年。
一しゅんのひらめき、天にそびえるあくまの足もとに
つみもない　たましい四十万が　はかなく消えた。
人間は　こんなおそろしい火を　手にいれたのだ。

後になって、変な教科書だと気づいたのですが、検定月日、定価のはいっていない教科書からの転記です。ちょっとここで、**にくしみの火**を**戦の火**に、**つみもない**をカットして**四十万のたましいがはかなく消えた、**

と書きなおしてみてください。検定月日・定価の記入してある教科書（検定を通った）は、そうかきかえてあるのです。

このちがいを知ったのは授業の最中です。私は補充教材として、前者のプリントで授業をすすめていました。ところが、たまたま、後者の教科書を持って授業に出ていた子があり、その子の反応のちがいから、原文のちがいに気がつきました。そして、どっちが本当なのか確かめなければならないハメに私は立たされたわけです。幸い作者が、私たちの仲間であったので、すぐに伺うことができました。そのとき、作者は開口一番、

「私は、**のろいの火**とかいたんだが、**戦の火**になっているそうですね。それでも沖縄では使えないらしいですよ。」

といいました。私はただ『第三の火』は先生の作ですか？　それだけ伺ったのに、作者は**のろいの火**が、**にくしみの火**に、さらに、**戦の火**へと三転していることが、よほど気になっていたと思われます。もはや、この詩は、この作者の詩ではないわけです。

教科書で作者の名前を伏せるということはどのような理由があったのだろう。さらに解せないのはこの機関誌の文章だ。作者名を明記してはならない理由はどこにあったのだろう。いずれも不可解な話ではある。

さて、詩「第三の火」によって原子力の平和利用、バラ色の未来を信じて疑わない子どもに私自身も育っていったことは間違いないことだ。手塚治虫の「鉄腕アトム」（歌詞・谷川俊太郎）を口ずさみながら、テレビアニメを喜んでみていた世代である。「第三の火」や「鉄腕アトム」が果たした役割はけして小さくはないだろう。

しかしながら、手塚治虫が原発を手放しで容認していたというのは事実と反するという記事が小さく、朝日新聞に掲載されていたのを先日目にしたばかりだ。そして、谷川俊太郎さんが原発是非の住民投票請求の発起人になっていたことは嬉しいことだった。

Ⅱ 寒川道夫との出会い

そもそも寒川とはいかなる人物なのか、まずはそこから概観してみたい。著書の『児童詩教育論』には次のように記されている。

「一九〇九年、新潟県新津市に生まれる。高田師範学校専攻科を卒業後、県下の一之貝小学校黒條小学校に勤務し、生活学校、生活綴り方教育運動に参加する。一九四一年、「治安維持法」違反の疑いで、学校の宿直室から連行され、二年間獄につながれる。戦後、明星学園、和光大学、國學院大學に務める。一九七七年八月十七日病没。」

なぜかここには記されてないが、寒川が最も著名なのは、『山芋』を書いたとされる大関松三郎の指導者、つまり彼の先生ということだ。〔『山芋』大関松三郎、指導・寒川道夫、百合出版、一九五一年〕無着成恭指導の『山びこ学校』と並んで、生活綴方運動の成果、金字塔であるとの誉れ高いものがあるのだ。『山芋』から何編もの詩が教科書教材として扱われていたし、私自身も子どもたちに教えたことがある。児童詩のチャンピオンであったことは間違いないことである。

この著名な寒川道夫に私は生涯一度だけ会ったことがある。一九七五年二月十九日のことだった。私は新卒教師三年目で、北区立滝野川第六小学校、五年一組の担任だ。

この年の校内研究は文学教材の読み取りということだった。若い教師が次々に研究授業をしていったが、私も研究部所属ということもあって、研究の最終授業を受け持つことになったのだ。研究の取り組みの中で、教科書教材以外に、日本標準の小学生の標準文庫五年に入っていた「少年駅伝夫」（鈴木三重吉）の読み取りを行うことになった。講師に誰を呼ぼうかとなった時に、その編集委員で当時、和光大学・國學院大学講師をしていた寒川に白羽の矢が立った。それはもちろん私の希望でもあった。

四十年近く前の記憶をたどると、子どもたちに次から次へと発言を促して、一見元気が良さそうな授業だった印象がある。発言が多ければいいというものでもないのが授業であるが、当時はそこまで考えが及ばなかったというのが正直のところである。

この授業は四校時であった。午後からは研究協議会が予定されていた。もちろん寒川にも参加してもらったのだが。

掃除が終わって帰りの会の前に、寒川を教室に招いた。子どもたちに少しでも話をしてもらいたかったのだ。子どもたちからは「大関松三郎はどんな子どもでしたか。」といった質問が出されたのを記憶している。

さて、研究会協議会での様子を伝えるものがある。それは、東京都北区立滝野川第六小学校発行の研究集録、一九七四年度自主研究「豊かな心情を育てる読みの指導」である。それによると、次のような話し合いがあったようだ。ちなみに研究会報告の文章は私自身が書いていると思われる。残されたノートに話し合いの骨子が書かれていたからである。寒川に関係したところを見てみることにしよう。

「ここで話し合いに移り、この教材があまりにも子どもの生活空間と離れているので、たいへん子どもには理解されにくく、教師も扱いにくいのではという意見が出された。これに対して、寒川道夫講師から、文学というものは、我々の生活経験を土台にしながら、すでに獲得したことばによって未経験の世界を想像し、意識体験するのであるから、五年生でこの教材を扱っても少しもおかしくはないし、むしろ、極北の真冬という環境の下で、自分と同じ年令の子どもが自然との戦いを、生活の中で身につけた知恵で勝ちとっていくということに、大きな感動を受けるのではないかと言われた。」

「最後に、授業過程については講師から次のような話があった。『この物語では、ラルスと〈私〉とのかかわり合い、その土地の生活の知恵というものが大きなテーマになっているが、それは第一章をしっかり学習することによって出てくる。したがって、もし四時間で授業するのなら、一読総合法で、一章一時間で物語を予想しながら読んでいくことも考えられる。また、作品の構造を一本の線にし、全体構造の中でそれがどこに位置づけられるのかを常に意識しているのは、文学教育の基本ではないだろうか。文学教育を芸術教育の一つと数えた時、子どもにとって言語的な煩わしさを取り除くため、読み聞かせなどが有効な方法となってくる。そして、作品をまざまざと描き出すためには、表現読みを重視する必要がある。』」

『小学校の国語』（草土文化、一九七四年）は寒川の編著である。寒川は児童詩教育の専門家と見られてはいたが、国語教育全般にわたって広い知識を有していることもうかがわせる研究会だった。ちなみにこの本の編著者紹介には、日本作文の会、全国生活指導研究協議会、日本文学教育連盟常任委員とある。

この研究会のほぼ一週間前に第一子、福田啓が誕生した。寒川に研究会のお礼も兼ねて、息子誕生のはがきを送ったのだ。

「**赤ちゃんが生まれました！**　一九七五年二月十一日（火）午前十時五十一分、板橋第一病院（高島平）にて男子誕生！　体重三五五〇グラム。目はパッチリ父親似、口はすまして母親似。鼻はドッシリ両方似。名前は啓（ひらく）とし、自立・自主・独立の意をこめました。ミルクをタップリ飲んでスヤスヤ眠ります。しゃっくりの止め方教えてください。１９７５・３・２　福田三津夫、緑」

これに対してすぐに私信（はがき）が届いた。

「おめでとうございます。そうですか。あの時も、そんなめでたいことがあったんですね。教育という仕事のおごそかさを今さらのように感じます。あ、啓ちゃん啓ちゃん。大きく健やかで両親似とは徳高い坊やだ。三津夫・みどり御両人の運命を啓く啓ちゃんだ。りっぱに育てて下さい。心からおめでとうと啓ちゃんの前途を祝福します。みたか・いのかしら五　さがわ・みちお（１９７５年３月５日）」

寒川との出会いがあり、それに触発されながら「山芋」の詩を題材に授業する実践を行った。学級通信「ゴロゴロストトン」二七号（一九七五年四月二十八日）に書かれていたことである。

・第一次　大関松三郎の詩「ぼくらの村」を読む。
・第二次「私たちの学校」（児童の詩）について話し合い、構想を練る。（取材・構想）
・第三次　詩を書く。（記述・推敲）

「ぼくらの村」は松三郎の長編詩であり、最も完成された詩とされていた。それだけ松三郎や寒川に入れ込んでいたわけである。

その後、寒川は、革新統一となって三鷹市長選に立候補する。カンパをしたが、残念ながら落選してしまう。そしてわずかその二年半後に亡くなっている。一九七七年八月十七日病没だったという。享年六十八歳。ちなみに寒川は一九〇九年二月二十五日生まれ。

Ⅲ『「山芋」の真実』の衝撃

それから二十年、衝撃的なニュースが飛び込んできた。朝日新聞（一九九六年十月十六日夕刊）に次のような記事が掲載されたのだ。かなりのスペースを取った記事であるが、見出しのみ抽出してみよう。

「生活綴方教育の詩集『山芋』」「小学生の作でなく教師書き下ろし説」「他作品と類似根拠に」「研究者指摘」「教師は生前、加筆否定」

見出しだけ並べてもおおよその見当がつくというものだ。つまり詩集「山芋」は松三郎が書いたものではなくて、寒川の少年詩とする説を研究者の太郎良信が単行本で発表したのである。それが『「山芋」の真実』（教育史料出版会、一九九六年）だ。

『「山芋」の真実』の内容に踏み込む前に、多少の寄り道をしてみたい。

話は一九七八年十二月に遡る。私にとって二校目の勤務校、清瀬市立第七小学校の六年担任時代のことだ。年の暮れ、卒業期を前に初めての胃・十二指腸潰瘍に罹り、三週間の入院を余儀なくされた。池袋の胃腸病院で回復に向かい、暇をもてあまし、日頃丁寧に読めないでいた本の中で、雑誌「教育」（一九七八年十二月号）の連載コーナー「児童文化時評」『「大関松三郎日記」の問いかけるもの』（冨田博之執筆）に目が留まった。冨田さんは『大関松三郎の四季』（南雲道雄、たいまつ社、一九七八年）という新書が発行されたことを受けて執筆していたのだ。しかし、あの大関松三郎の日記が残っていたとは知らなかった。冨田さんと同様の驚きであった。

冨田さんは前書に紹介された、一九四一年一月一日の松三郎の日記を引用した後、次のように記している。

「……二年前に、詩集『山芋』の中の「虫けら」や「馬」や「山芋」や「ぼくらの村」を書いた松三郎の日記なのだ。松三郎の九ヵ月間の日記は、単純な行動の記録に終始しているが、その問いかけるものは、いいしれぬ重みをもっていると私には思える。」（『児童文化時評』一九七二〜九四年、に再録、久山社、一九九六年）

その元旦の日記とは次のとおりだ。

　一月一日　水　雪

　　学校で祝賀式アリ

　　昭和十六年度第一回興亜奉公日

光輝紀元二千六〇〇年も暮れ、今日は紀元二千六〇一年、昭和十六年度の元旦であって、四方拝で我等国民は心よりつつしんで、謹賀興亜新年を賀し奉り、天皇陛下並びに大日本帝国の万歳を三唱申し上げると共に、第一線に働いている皇軍勇士の武運長久を祈り、もって戦死将士のめいふくを祈らねばならぬ。天皇陛下、両親、師の御恩を感しゃし、其の恩にむくうるよう努力し、又、物資節約、勤勉、まじめに、気を長くして、此の一年を暮らすこと。

冨田さんの書いた「いいしれぬ重み」とは何を意味するのか、病院に見舞いに来てくれた冨田さんに聞きそびれたのが残念ではあった。あくまで農民に誇りを持ち、未来の村を社会主義的ユートピアとさえ言える共同体を明確に描いた、あの松三郎でさえ、軍国主義体制に従順でしかあり得なかったということを言おうとしているのであろう。しかし松三郎が「山芋」を書いたことを疑う節は微塵も感じられない。

松三郎の日記をもう一つ見てもらおう。

二月十一日　火　　小雪

我国の目出度い紀元節である。今より二千六〇一年前に、神武天皇が、かし原宮において御即位の礼を上げ、我国一代の天皇にならせられ、我国の御きそをきずかれ、我帝国のたんじょう日である。我等は、日本に生れたことを幸福に思い、「八紘一宇」の精神を受けついで、御国の為めに尽せるようにしなければならない。

今日はお宮に集合して、参拝し、宮城遙拝し、正列登校した。朝のうちには雪が降らなかった。式が終って、先生は僕に学芸会の人選の仲間に入って手伝ってやれと言われたので、残ってやったがどうも良くまとまらない。他の者が好きなようにきめて出すので、どうも人の事をきめるのはやっかいだ。

後日「演劇と教育」の編集会議のあと、西武池袋線の池袋駅に向かいながら冨田さんに聞いたことがある。

「寒川道夫さんはどんな人でしたか。」

「腕や肩の傷をよく見せていたなあ。獄中の時のね。……大関松三郎の『山芋』は指導者としてかなり手を入れたんじゃないかな。でもやむを得ない面もあるよね。難しい問題だ。」

国分一太郎は寒川擁護の文章を書いているが、国分と懇意の冨田さん、同じような見解だったのだろうか。

「山芋」の成立に疑いをかけた人物が太郎良の前に二人いる。一人は無着成恭と寒川を取り上げ「人間教育の昭和史」ということで朝日新聞に連載し、それをまとめ上げた新聞記者の佐藤国雄である。（『「山びこ」「山芋」』、朝日新聞社、一九九一年）

佐藤は木下浩に取材して、「寒川道夫のイメージが音を立てて崩れた。」という経験をする。寒川は戦前、まさに軍国主義を賛美するような詩や作文を子どもたちに書かせていたというのだ。しかも、戦後かなりの書き換えを寒川がしている事実を木下は突き止めていた。木下は後に『「山芋」考─その虚構と真実』（創童舎、一九九三年）を出版することになる。

さらに、その翌一九九四年、『「山芋」の少年詩人　大関松三郎の四季』（南雲道雄、社会思想社）が現代教養文庫として再登場する。『大関松三郎の四季』（たいまつ新書）を大幅に加筆し、再構成したものという。新たに加えられたものは二つのエッセイだ。ここで南雲は、佐藤の寒川批判に次のように応えている。

「私は、『日記』に『山芋』を書いた少年の目は皆無だとは思わないし、全く異質と断定するのは酷であろうと思う。そして、『山芋』の松三郎も『日記』の松三郎もどちらも本当であるところに、一年余の間に急激に動いた時代の状況と環境、教育の問題が堆積していると考えたい。」（二一二頁）

しかし、不思議なのは、佐藤の寒川批判の根拠になった木下浩の『「山芋」考─その虚構と真実』には一切触れていない。あとがきを書いた二ヶ月前には出版されていたのだが、目に触れなかったのだろうか。

繰り返すが、『山芋』が大関松三郎の著作ではなく、寒川の創作であることを著作ではじめて明確に公表したのは木下浩であった。

「『山芋』は、本稿で明らかにしてきたように、戦後、寒川氏による所産とみてよく、あわせて、関連して書かれている『実践』『指導』の記録の類も、全面的に戦前における寒川氏の綴方指導として認めるには疑問がある。」（あとがき、二六〇頁）

木下の研究手法の一つは、ただ単に寒川の松三郎担任時六年間の教育について調べるのではなくて、「寒川道夫の綴方教育」という大きな括りの中で調査、研究していることである。つまり、教師としての連続性の中から、『山芋』の出現が可能であったかを問うているのだ。そして当然ながら、『山芋』そのものへの「虚構と真実」へ踏み込んでいる。

一つの驚くべき事実を木下は紹介している。それは一九三七年の『綴方学校』に掲載された寒川指導の児童作文である。この作文指導の衝撃はどうだろう。

支那をうて　五年　西岡義仲

支那のあまりの無礼の行いに、日本はがまん、がまんを重ねていたが、もうがまん出来なくなって、此の北支事変が初まり、日本は、北京、保定、大同などと、どんどん占領して行くのに、支那は降参せず、外国がしりおしをしてくれると思って、生意気になっている。

僕は、もう支那はまけると思っている。それは、支那の大將の蒋介石や、共産党の大將が、南京から逃げて、外の部下にばかり戦いをやらせておくからである。

今、支那をしりおししている、ソヴェットを、僕は大きくなったら、こらしめてやろうと思っている。これ位に日本の兵士が、ナンギしているというのに、鉄砲を二万五千チョウも送り、支那と条約して、自分で、ここからこれだけの地をかりて、日本を大いに困らせてやろうとしているんだから、日本のフンガイするのは、あたりまえだ。大きくなったら、キット、キット。支那をうて、支那をうて、うんとうて。

（寒川道夫指導）

こうした寒川実践を掘り起こしたことは木下の業績に違いない。ただ、木下がうわさ話や憶測でものを語る場面もあり、この踏み込み方の不十分さを太郎良は実証的研究ではないとついているのだ。木下研究の不十分さを克服したものが太郎良の『「山芋」の真実』だった。

さてそれではいよいよ『「山芋」の真実』に迫っていきたい。

私は、前に紹介した朝日新聞の記事を衝撃をもって読んだ。新卒時に研究授業で講師に招いたり、頂いたはがきに好感を抱いたり、「山芋」の詩を子どもたちと読みあったり、それを手本にしながら作詩したことは前述のとおりである。その親しみを持ち尊敬もしていた寒川氏が、自作の少年詩を教え子の児童詩として発表することは考えられなかった。すぐに本屋で『「山芋」の真実』を購入し、貪るように読み進めた。しかしながら、この本は実に用意周到、その主張を受け入れざるをえない説得力のある研究成果の満を持しての公刊であった。

その当時、私は「演劇と教育」の編集代表で、書評欄担当者でもあり、ある悲しみを抱きながら、この本を取り上げることを提案し了承された。私の推薦した評者は遠藤豊吉さん。かつて日本作文の会常任委員で、寒川をよく知る人だ。あまりにも相手を知りすぎているので断られるのを覚悟で電話をした。ところが、あっさりと「いいですよ。」といわれたのにには拍子抜けしたものだ。それが「冷徹に、あたたかく―『山芋』神話を学問的に追究」（『演劇と教育』〈新刊旧刊〉欄、一九九七年五月号）という文章になった。

「太郎良さんのこのような仕事を《学問的な追究》というのだろうと、まずそのことに心を打たれ、しかし《学問的な追究》の仕事などというと、なにかひどくかたくるしく退屈な感じがするのが普通なのですが、この本にはまったくそれがなく、すごくたいへんなことを論じているのですが、私の心はとてもさわやかな《知的所産》として響いてきたのでした。」

豊吉さんはこの年の五月七日、つまりこの雑誌が届けられてから急逝されることになる。七十三歳だった。

この書評が思わぬ波紋を呼ぶことになった。その年の八月、『山芋の真実』が日本作文の会賞を受賞することになったのだ。遠藤さんの書評が受賞の大きなきっかけになったようだ。朝日新聞、夕刊「変換キー」欄に「悲しみ込め批判」（一九九七年十二月二十四日付）という記事が載り、そのことを伝えている。なぜか「演劇と教育」という雑誌名は伏せられたが、これは遠藤さんの書評の記事だった。

さて『「山芋」の真実』で太郎良が読者に伝えたかったことは次のことである。

『山芋』は大関松三郎の詩ではなく戦後に寒川が書き下ろした少年詩であると結論づけている。」（一一頁）『山芋』や寒川の戦前の教育実践は生活綴方教育とは異質なものであって、それらを戦前生活綴方教育の典型例として取り扱うべきではないということである。」（一一頁）そして「筆者は、悲しみをもって、また、こうした過ちが繰り返されぬことを願って、本書を世に問うこととした。」（一二頁）と記している。

そして太郎良が具体的に究明したことは、①『山芋』の復元過程の検討（『山芋』の実物は存在しないということ）、②『山芋』は寒川の少年詩である（寒川の創作であるということ）、③戦後に戦前の指導作品として示されたものの検討（他にも大幅な書き換えがあるということ）という三点であった。

太郎良の研究スタイルは、『山芋』に関する様々な資料を収集して、それを丁寧に検討したことだろう。『山芋』発行当初から言われていたさまざまな疑惑を、一つ一つ拾っていって、検証したことにある。

さらに、太郎良の仕事で素晴らしいことは、『山芋』の検討だけに留まらず、戦前の寒川の教育実践を検討、実証したことである。願わくば、戦後の明星学園や國學院大學や和光大学の実践についても言及してもらいたかったのだがそこまでは望めるはずもない。

フクシマの原発事故を契機に、小学校で学習した詩「第三の火」の作者が寒川道夫であったこと、彼に新卒時の研究授業の講師をお願いしたこと、そして『「山芋」の真実』の顛末まで、一連の見えない糸に導かれて書き綴ってきたという感がしている。読者の方々にはさぞ退屈だったであろうが、私にとってはいろいろ考えなくてはならない問題が詰め込まれていたのだ。

人間って、いったい何だろうか。教育とは、どうあるべきなのだろうか。

〔参考文献〕

『人間教師として生きる』寒川道夫、新評論、一九七八年
『大関松三郎の四季』南雲道雄、たいまつ社、一九七八年
『「山芋」の少年詩人　大関松三郎の四季』南雲道雄、社会思想社、一九九四年
『「山びこ」「山芋」』佐藤国雄、朝日新聞社、一九九一年
『「山芋」考―その虚構と真実』木下浩、創童舎、一九九三年
『「山芋」の真実』太郎良信、教育史料出版会、一九九六年
『「山芋」の真実』書評、遠藤豊吉「冷徹に、あたたかく―『山芋』神話を学問的に追究」（『演劇と教育』新刊旧刊、一九九七年五月号）
『山芋の真実』日本作文の会賞、一九九七年八月
「変換キー」欄、「悲しみ込め批判」朝日新聞、夕刊、一九九七年十二月二十四日付
『山芋』顕彰碑建立の問題についての一考察 太郎良信
「人間教師　寒川道夫」『総合教育技術』小学館、一九八五年十二月号、別冊付録『管理職講座９』

マリオ・ローディと演劇教育

生徒たちはロボットじゃない。
刑務所みたいな学校はまっぴらだ――。

『わたしたちの小さな世界の問題』をはじめて手にした時に、本のカバーに書かれたこのことばがまっ先に目に入ってきた。「ここはイタリアのある村の公立小学校。ローディ先生のクラスには、時間割も教科書もない。宿題も成績表もない。」と続き、当時公立小学校教師の私にある衝撃が走ったが、四〇〇頁を優に超す大冊の上に苦手な翻訳本では食指が動かない。しかし、間もなく真正面から向き合う羽目になった。この本の書評を頼まれたからである。(1)

私は、北イタリアの農村ピアーデナのヴォー小学校の教師マリオ・ローディと二十四人の子ども達の五年間の記録を軽々しく読みとばすことはできなかった。学年が進行するにつれてその実践の凄さに引きつけられ、子ども達の発言の鋭さに目を見はった。同じ五年生でもローディ級の子どもの方が日本の子より精神的にはるかに成熟しているのではないかと考えざるをえなかった。

私にとって、本書の〈衝撃力〉とは何だったのか。

Ⅰ　ローディの教育哲学・学校観

まず、「古い刑務所の部屋と学校の教室とは恐しく似ている」というローディの学校観に注目してみた。ローディは子ども達よりある意味では囚人達の方が「自由」を享受していると言い放つ。

「教室では、子どもも家族も選んだわけではない教師がいて、子どもたちをつかまえて、彼がいうことを繰り返すように慣らし、よく従う者をほめます。」

もはや刑務所化した学校を支える大きな柱の一つに評価の問題がある。この本がイタリアで最初に出版された一九七〇年前後、我国でも教師の評価権をめぐる様々な問題が提起されたことは鮮明に記憶されている。通知表の相対評価批判、その原簿としての指導要録改革論、あるいは廃止論など国民の広範な論議を呼ぶことになった。「学童は、点数本位の権威主義的学校では、評点があるから勉強するのです。もし教師の手から評点を剥ぎ取ったら、城全体が崩壊します。それは圧制的な国家の警察から武器を奪い取るようなものです。」とローディもそれらの動きに呼応している。ローディの凄さは、反ランキングの思想を己の公立小学校という現場で、たとえば、成績表を出さないという形で実践したことにあった。

教科書も権威主義的な学校を支える重大な要素である。どんなによい教科書でも子どもの経験を排除したものにしかならず、「常に上から説教されることになります。」と断定する。このあたりにラジカル（根源的）な教育思想が垣間見られる。

Ⅱ ローディとフレネ

次に、伝統的な学校を批判するローディは、ではどんな教育実践で応えようとするのか。

「ローディは子どもたちに昨日下校してから今朝登校するまでの出来事を聞く。子どもたちは簡潔に、自然や彼らを取りまく環境についての新しい発見や家族のニュースを語り、ローディはノートを取りながら、そこから一日の学習の手がかりをつかみ出す。」

自習の時間には自由作文をタイプライターで打ったり、自習カードで算数の計算をしたりする。また学習図書を読んだり、理解力の劣る子の手助けをしたりする。

ここまでのローディの教室でのルーティンは、訳者・田辺がはじめてローディ級を訪ねた時のスケッチである。しかし、実はこれはローディ固有の教育方法ではない。

私は一九九五年から三年連続でフランス・スペイン・イタリアのフレネ教育（フランスのセレスタン・フレネから発する教育方法）の現場を訪ねたことがある。村田栄一主宰「飛ぶ教室」に春休みに各十日間参加したのだ。ここで視たものはローディが田辺の前で実践展開したものとまさに合致する。

このツアーで私が感じとったフレネ教育の骨格は次のようなものだった。(2)

① 子どもの興味や関心を大切にして、とりあえず子どもの実態から教育をスタートさせる。
② 具体的な行動や表現活動を重視して学ぶ。
③ 子どもの自治精神を大切にする。

つまり、ローディは、フレネに触発された「教育協同運動」と出合うことによって、それまでの自由画と自由作文の実践に加え、印刷技術と学級通信を取り入れることになり、学習の組織の仕方を根本から変えたのだ。

しかしながら、注目したいのは、イタリアの教育協同運動は「たえざる探究、あらゆる教授学的教条主義の拒否、批判精神としてイタリア人によって理解された〈フレネ精神〉に応じることを特色とする〈イタリアの道〉を探究している。」ということだ。その中心にローディがいたことは疑いないだろう。

Ⅲ　ローディと演劇教育（たとえば「一粒の種子のような一日」）

ローディの教育を象徴する実践としてまっ先に取り上げたいのは冒頭の「一粒の種子のような一日」である。受け持ちの一年生とはじめて出会ったその日の報告は次のようだ。ごく簡単に紹介しよう。

――野原への外出は雨のため中止になり、教室で自己紹介が始まる。激しい雨模様をにらみながら天気の様子をパステルで描く。幼稚園の子にその絵を見せたいという子どもの提案を受け、階下に向かう。ローディの巧みな誘導によって、そこで遊びやわらべうた、劇が始まる。教室に戻って天気を記録する方法を話し合う。絵に「雨が降る」ということばを書き込む。謄写版で、ある子の絵を印刷し、色を付け、「雨が降る」ということばを書き込む。これが学級通信第一号となった。――

子どもたちの興味、関心を大事にしながら、表現活動を重視し、知的な活動もうまく組み合わせている。なんとも無理のない、子どもの生のリズムを大切にした、流れるような一日ではないか。

このように、ローディの教室では、知識や教科書の教え込みは否定され、子ども達の毎日の生活体験の中から絵や物語が作られていく。更に、学習を深め、獲得した真実を、踊りや演劇などで表現していくのである。ローディが身体表現を重視していることは「その一メートル四方たらずの共同の場は子どもたちが歌ったり、遊んだり、仲間に自分たちの経験を語ったり、描いたりすることができて、備品の中でも一番重要なものなのです。」という記述からも明白である。

さらに、本書には学習の発展として様々な脚本が登場し、実際に上演されたようだが、ある時、本格的な劇を全校児童と創り上げ、みごとコンクールで優勝していたりする。優れた教育実践家が、宮沢賢治・新美南吉、石川啄木を引き合いに出すまでもなく、演劇などの身体表現活動に必ずといっていいほど高い関心を示すのは偶然ではない。

このようなローディの教育実践は、演劇教育の一つの典型といってもいい。演劇教育とは演劇の創造と鑑賞、演劇の本質を教育に生かす教育活動だからである。

いずれにしても本書は、「もはや知識の伝導者ではなく、子どもたちが合議によって研究を進めて文化の生産者になるような学習の組織者」（チャーリ）としての教師をあますところなく書き綴ったものであることは間違いない。

Ⅳ　田辺敬子の仕事

私にこのような〈衝撃力〉を与えた膨大な実践記録を実に読みやすく翻訳してくれたのが田辺だ。こなれた日本語を縦横無尽に駆使した翻訳本となっている。巻末の訳者の解説「マリオ・ローディの仕事」が周到で秀逸、実践記録を読む手助けをしてくれている。

私が田辺に会ったのは一度だけである。当時編集代表をしていた「演劇と教育」の特集「実践記録を読む」という座談会に出席していただいたのだ。もちろんその時のテーマは実践記録『わたしたちの小さな世界の問題』を読むということである。(3)

この大部な本を取り上げることを提案したのは、演出家で大学教授であった故高山図南雄だった。彼はスタニスラフスキーに関する優れた数冊の翻訳本をものにしている。日本におけるスタニスラフスキー研究の第一人者と言える。その彼が編集後記に残したことばが忘れられない。

「……翻訳者・田辺敬子氏は、そのローディの魂を全身で受けとめたかけがえのない研究者だ。翻訳という仕事は、単に横のものを縦にすることではない。その仕事の間中、朝も夜も、著者と一対一のぎりぎりの対話の連続である。まさに対話なのだ。そこで感じとり、発見した一切が、作品に投影され眼に見えぬ強みを与える。田辺氏のこの仕事は、日本の教育の土壌にまかれた一粒の麦になるにちがいない。」

この特集の口絵は、一九七四年に田辺が撮影したものである。ローディ自身の姿、踊りや即興劇に興じる子どもたちで飾られている。おそらく日本人としてはじめてローディ級を写したであろう貴重なものだった。

私にとって大切で、思い出深い、田辺を囲んだ座談会の記録を後年拙著に再録させてもらうことにした。(4) 私が今でも悔やんでいるのは、田辺に連絡が取れずに、この本を手渡すことができなかったことである。

【註】

＊引用はすべて『わたしたちの小さな世界の問題』(マリオ・ローディ著、田辺敬子訳、晶文社、一九八八年)より。

(1)「三輪車疾走」雲母書房、一九八九年一＋二月号、『わたしたちの小さな世界の問題』書評「反ランキングの衝撃」福田三津夫

(2)『実践的演劇教育論―ことばと心の受け渡し』福田三津夫、晩成書房、二〇一三年

（3）「演劇と教育」一九九三年六月号　座談会「『小さな世界』をひろげる記録」、出席者〔田辺敬子、高山図南雄、副島功、福田三津夫〕

（4）『ぎゃんぐえいじ―ドラマの教室』福田三津夫、晩成書房、二〇〇九年

〔参考文献〕

『イタリアの学校変革論』落第生から女教師への手紙、バルビアナ学校著、田辺敬子訳、明治図書、一九七九年
『こすずめチピのぼうけん』マリオ・ローディ作、佐藤智子訳、伊東寛絵、ベネッセ、一九八九年
『授業からの解放』村田栄一、雲母書房、一九九四年。村田は「マリオ・ローディとの出会い」で『わたしたちの小さな世界の問題』の本質を見事に活写している。

演劇教育としての授業

大学の授業と演劇教育

Ⅰ　記憶の中の大学の授業

四十数年前の話である。

私は教育系の大学の学生だった。小学校の教室ほどの講義室に社会科専攻の学生たちは三十名ほどいただろうか。入学間もない教養課程の授業だったと思う。ベテラン教授の講義はデカルトの哲学書『方法序説』の解説だった。彼は薄汚れたノートを手にしながら、ひたすら文献の読み解きを披露するのだった。半年にわたる授業中、一回として学生の意見を求めることがなかった。自作自演の講義式授業とでもいうのだろうか。講義内容に興味を持てない学生が大多数で居眠りする者も多かった。

また家庭科教育法という授業があった。家庭科の学習指導要領を解説するのだが、私の心に響くものはなかった。その数年後に、奇しくも、私は小学校の家庭科専科になった。子どもたちの家庭から廃材を調達し、それを燃料にして、校舎の裏庭で飯盒炊さんでカレーを作るという授業を展開した。子どもたちは手作りのエプロンと三角巾を締めて。そんな授業の映像紹介でもあれば学生の食い付きはずいぶん違ったものになったのだろうと思う。しかし、これは我田引水だろうか。

その他の「教科教育法」という授業も私はほとんど興味・関心をもてなかった。どれも学習指導要領の解説が多く、生きた子どもや教師が躍動するような実践を聞くことはなかった。

ただ四年間で二つだけ記憶に残る授業があった。唯一赤点をもらった憲法の授業(有名な右翼的思想の持ち主だった教師の授業で、テスト評価について到底納得できるものではなかった)の単位取り直しは星野安三郎さんのものだった。立憲主義の日本国憲法を実に興味深く語りかけてくれた。日本国憲法前文から平和的生存権を提起したのも彼だった。もうひとつは社会学の麻生誠さんの授業。今自分はこんなふうに考えているんだけれども、君たちはどう考えるだろうかと問いかける授業だった。

いずれにしても、まあ大学とは自分で学ぶところで、授業に多く期待してはいけないのだということを、その時反面教師的に学んだのだった。

Ⅱ　マイクを使わない授業

三十三年間の小学校教師生活に終止符を打ち早期自主退職を選択した。一年後、大学の非常勤講師を仰せつかり、現在九年目に突入している。授業内容は特別活動論、生活科指導法、教育実習指導である。

言うまでもないが、小学校と大学では教育条件が全く違う。大学では小学校の教室の二倍ほどの講義室に八十人以上の受講生がほぼ空席無く着席している。机、椅子は可動式ではあっても実際には移動使用は難しい。そして何より小学校と違うのは学生の名前と顔が一致しないことだ。週一回九十分十五回の授業で何ができるのか。私がかつて多く体験したような授業は御法度だ。

八年間模索してきたのは、学生との双方向の交流のある授業を展開してみたいということだった。スローガン的にいえば「応答のある授業」ということになる。これは小学校教師の時に授業について考えてきたことと何ら変わることはない。教育の基本に「ことばと心の受け渡し」が必要不可欠である。教える内容が変わることは当然のことだが、コミュニケーションが成立しない教育は存在しない。

最新の「特別活動論」のシラバスはこうだ。

□授業の方法：「からだ」（声・ことば…）を重視する、応答のある学びの場を創りたい。
□学生へのメッセージ：自分自身の「からだ」の有り様を見つめ直す時間と空間にしてほしい。
□授業展開（スケジュール）

1、特別活動入門（講座の目的と方法、シラバス、課題図書）

2、教育原論・「ことばと心の受け渡し」とは？（例えば群読）
3、現行学習指導要領を読み解く
4、学級活動（「オンリー学級」の一年）（小学校）
5、私の学級づくり・授業づくり十か条（小学校）
6、柳歓子実践『生命』を見せよう」（中学校）
7、奥沢中実践「町の物語を探る」（中学校）
8、ハンカチあそび・タオル遊び
9、学校行事①（儀式的行事）卒業式を創る
10、学校行事②（文化的行事）学芸会・文化祭の構成と演出
11、学校行事③（運動会・体育的行事）祭りとしての運動会・体育祭
12、ことばあそび・群読あそび
13、劇をつくる
14、演劇教育と特別活動（臨床の知・演劇的知）
15、〈教え〉から〈学び〉へ（フレネ教育の実際）

第一回目の授業で配るプリントはシラバスと課題図書の内容、竹内敏晴『声が生まれる』（中公新書）の「おわりに」のコピー二枚である。

立錐の余地がない教室に現れた私は大きな声で「こんにちは。」と第一声を発する。ざわつきが収まると私はこう宣言する。

「私はこれからの十五回の授業ではマイクを使いません。後ろの方に座っている人、私の声が届いていますか。」

ほぼ全員の学生が軽く頷く。なぜマイク不使用宣言なのか、竹内さんの文章をすかさず読み上げる。

「近頃は、せいぜい三、四十人の集まりでも、発言者はマイクロフォンを使うことが多いようだ。聞いている人は、とくに会議の場合など、どこか不特定の場所に設置されたスピーカーから響いてくる、方向性のない音の流れに身を浸しながら、語られている文章の内容を判断しては、ふむふむと賛成したり、なにを言っているかと反撥したりして、そこではじめて話し手の顔をまじまじと見つめる、といった具合になる。みな、ことばの内容だけを取り出して判断材料にしようと身構えているだけで、話しかけている人そのもの、『わたし』という存在とはかかわろうとしていない。これが現代社会の風景だ。人が人に話しかけ人が人を聞く、ということからほど遠いのではないだろうか。声とは人が人にじかにふれてゆく仕方そのもの、人と人との原点、であるのに――」

生の声が縦横無尽に飛び交い交流できる時間と空間を共有したい、これが私の授業に臨む基本姿勢である。けして良いことではないが、知らず知らずのうちに小学校の教室より声を張り上げてしまう自分がいる。声はしっかり届いているのだろうか。

板書はほとんどしない。プリントを用意して、学生の顔を見ながら話すことが多い。それでもすべての学生に声が届くとは限らない。教壇に留まらず、終始教室を移動しながらの授業である。学生の聴く力にも期待したい。コミュニケーションは「ことばと心の受け渡し」なのだから。

脱原発の映画会で司会をしたことがある。小学校の教室より小さめの集会室に二、三十人の参加者というところだった。あとの反省会でマイクを用意した方が良かったという意見を聞いて悲しくなった。命を大切にする集いでありながら、声を届け、耳を傾けようという意識の欠如を感じたからだった。

Ⅲ　応答のある授業

マイクを使わないことは応答のある授業の第一歩だと思うが、果たして応答のある大学の授業は可能なのだろうか。

かつて次のように書いたことがある。

「応答のある授業の可能性としては、授業中の応答性がまず挙げられる。たとえば『実践記録を読む』授業の場合は、全員で文章を交代して音読し、書き込みをしながら内容を確認し、評価すべき点・課題・テーマなどを考える。次に班討議にかけ問題点を抽出し、さらにそれをみんなの前で発表する。その発表に対しての絡みのある議論をどのように作っていくのかが易しくない課題として残っている。なかなか丁々発止の『白熱教室』に持ち込めない。」（1）

ここで書いたことはなにも大学の授業だけに大切なのではない。小学校・中学校・高校でも何ら変わることはないだろう。

プリントにした実践記録を読んだり、多少講義的な授業の場合は工夫次第では応答のある授業に近づくことができそうであるが、やはり大人数での議論をどう保障し、深化させるのか悩みは尽きない。

応答のある授業の可能性を広げてくれるのはワークショップ的授業ではないかと思う。私のシラバスでは、朗読・群読・ことば遊び・脚本読み・ハンカチ遊びなど数回にわたる授業がワークショップ的授業ということになる。これらは遊びの感覚を大切にした表現活動の一部である。ロジェ・カイヨワは遊びを競争（サッカーなど）・偶然（くじ）・模擬（ごっこあそび）・眩暈（回転など）に分類しているが、私のワークショップ的授業は模擬ということに近い。

例えば、ことば遊びうたがもっている応答性を遊ぶことにより、応答のある授業は必然的につくられていくのだが、実際はかなり困難が伴う。ぎっしり学生が詰まった縦長の大学の講義室を「劇場」にすることは容易ではない。いつも使っている校舎が改装中ということで、他学部の教室を使ったことがあった。そこは横長の教室だった。学生たちとの距離もぐっと近く、親密な学びの空気が漂っていた。

学びの空間のつくりかたとしてもう一つ考えなければならないのが教師の演技力・演出力ということだ。教師は多少しらけた学生たちでもぐいぐい引っ張っていける力量を備え、乗せ上手でなければならない。

応答のある授業のもうひとつの側面は、全授業期間にわたって応答するという意識を持つことだ。

私の場合は、三回に一回ぐらいの割合で授業感想を求めることにしている。三回の授業で興味を持ったり、触発されたり、疑問に思ったことを用紙に書いてもらうのだ。これはただの感想文というのではなくて、コメントペーパーと名付けて積極的な意見を求めている。十五分ぐらいの時間もとる。これを家に帰ってからじっくり読んで、大学通信「奈々子に」にテーマ別にパソコンで打ち込む。翌週はＡ４で数頁の「奈々子に」を読み合うところから授業が始まる。私の「返信」やコメントも書き込んであったり、その時々に短い感想を話すこともある。

私の評価対象は課題レポートとコメントペーパーである。課題レポートは課題図書から一冊を選び、一〇〇〇字でまとめるというものだ。「奈々子に」を発行するようになって、みんなに読んでもらいたいレポートも収録することにした。私だけ読んでいたのではもったいない。

Ⅳ　演出者としての教師

演劇教育の視点から授業を考える時に、私たち教師に大きな示唆を与えてくれる先人がいる。「日本のルネ・クレール」と呼ばれ、日本映画の基礎を創った一人と評されている伊丹万作である。（映画監督・伊丹十三の父、娘は大江健三郎夫人）彼は「演技指導論草案」（伊丹万作全集2、筑摩書房）という箇条書き的な文章を残している。

○…仕事中我々は意識して俳優に何かをつけ加えることもあるが、この仕事の本質的な部分はつけ加えることではなく、抽き出すために費やされる手続きである。
○演技指導は行動である。理論ではない。
○どの俳優にでもあてはまるような演技指導の形式はない。
○俳優の一人一人について、おのおの異つた指導方法を考え出すことが演技指導を生きたものたらしめるための必須条件である。
○俳優をしかつてはいけない。…どんなことがあつても俳優をしかつてはいけない、と。
○演出者が大きな椅子にふんぞりかえっているスナップ写真ほど不思議なものはない。病気でもない演出者がいつ椅子を用いるひまがあるのか、私には容易に理解ができない。
○俳優に信頼せられぬ場合、演出者はその力を十分に出せるものではない。また演出者を信頼せぬ場合、俳優はその力を十分出せるものではない。

（初出『映画演出学読本』一九四〇年十二月）

俳優を子ども、演出者を教師と置き換えれば、これはまさに教育指導論といっても差し支えない。そして、その教師とは、小中高の教師はもちろんのこと、幼児教育者や大学の教師を含めてもまったくおかしくはないだろう。「演劇的手法による教員養成課程の学生並びに現職教員のコミュニケーション能力育成プロジェクト」(2)などの取り組みも始められているが、日本の「大学の授業」についての研究がもっと深められなければならないと思うのである。

【注】

（１）拙著『実践的演劇教育論』（晩成書房）。大学での実践記録「大学の授業と演劇教育」（特別活動論、生活科指導法）を収録。

（２）東京学芸大学など四大学での研究事業、二〇一四年度から三年間。

〔参考文献〕私が示唆を受けた大学教育の実践記録

『働くこと学ぶこと―わたしの大学での授業』里見実、太郎次郎社、一九九五年

『学生が輝くとき』清水真沙子、岩波書店、一九九五年

『大学の授業の記録・教育原理』（全二冊）村田栄一、社会評論社、二〇〇五年

Ⅰ　戦後教育の検証　そして　Ⅱ　戦後学校神話からの解放　そして

『教室を路地に！―横浜国大VS紅テント２７３９日』唐十郎・室井尚、岩波書店、二〇〇五年

あとがき

初めての演劇教育との出合いは四十年前のことだ。

一九七七年、日本演劇教育連盟主催の全国演劇教育研究集会が東京・よみうりランドで開かれた。谷川俊太郎さんの講演「詩の朗読のすすめ」を聴くために参加する。翌年は大阪大会で、竹内敏晴さんの「ドラマとしての授業」を聴きに行った。小学校教師になって数年目にして、学校教育における「ことば」や「からだ」の問題を強く意識することになった。

一方、ラボ教育センターのテーマ活動に出合ったのは一九九八年のフレネ教育者国際会議だったことはすでにまえがきに触れている。二十年前の地域での演劇教育との出合いだった。

この間の演劇教育に関連した拙著は、学校教育の実践編が『いちねんせい―ドラマの教室』『ぎゃんぐえいじ―ドラマの教室』、理論編が『実践的演劇教育論』ということになる。そして、四冊目の本書は、典型的な地域での演劇教育ということでラボの活動を取り上げることになった。

四十年にわたる日本演劇教育連盟やラボ教育センターでの活動を通して、学校や地域の演劇教育の実践と理論の総体をほぼ自分なりに提起できたのではないかと思っている。

かつて私は、「教師であること―教師をめざす貴方へ贈る10の言葉」(『実践的演劇教育論』)という文章を綴ったことがある。その柱立ては以下のとおりであった。

Ⅰ「ことばと心の受け渡し」の実践（コミュニケーション、表現、交流）
Ⅱ子どもとシンクロできる「からだ」（教師のからだ）
Ⅲ教科の論理と子どもの生理（教科の系統性と演劇的教育方法）
Ⅳインドとアウシュヴィッツ（生存権と平和主義）
Ⅴ芸術に対する深い関心（美術・音楽・演劇・映画・旅行・読書…）
Ⅵ教育実践記録を読むこと・語ること・書くこと（学級通信と著書）
Ⅶ様々な教育の仕事（担任・専科・特別支援学級・管理職…）
Ⅷ地域の教育力（家庭・社会）
Ⅸ社会人としての教師（市民運動・組合運動）
Ⅹ教師こそ自己教育を（教育研究活動、挫折から学ぶこと）

詳細は原文に当たっていただくことにして、演劇教育の本質は、ここにほぼ網羅されているのではないかと思う。実際、教師をテューターに置き換えて読み込むことが可能だと思う。とりわけ、『ことばと心の受け渡し』の実践」、「子どもとシンクロできる『からだ』」、「教科の論理と子どもの生理」、「教育実践記録を読むこと・語ること・書くこと」、「教師こそ自己教育を」、ということに教師とテューターの共通性を感じる。これからの教師やテューターの仕事は、これらのテーマを実践的に内容豊かにしていくことではないかと思うのだ。

本来なら本書を真っ先に読んでいただきたかったのは故・村田栄一さんである。ラボ教育センターとの出合いの切っ掛けを作ってくれたのが村田さんだったからだ。そもそも教師として自立すべきすべを彼の存在と著作が示唆してくれていた。著作の内容はけして古びていないどころか、むしろ今こそ見直される必要がある。かつて村田さん主宰の「飛ぶ教室」ツアーの感想文集に手を加えてくれた村田さんが、はたして本書にどんなだめ出しをしてくれたのか、大いに興味深いものがある。

次に読んでいただきたいのは、ラボのテューターと事務局の方々である。パーティ訪問を快く許可してくださったテューターの方々とそれを段取りしてくださった事務局である。テューターの宇野由紀子さん、行松泉さん、高橋義子さんは三人三様、実に個性的で魅力的な指導者だった。そして事務局の木原竜平さんと吉岡美詠子さんにはワークショップの設定やテューターとの橋渡しなどひとかたならぬお世話になった。

そして、ラボの元会長・松本輝夫さん。ラボとの橋渡しをしてくださっただけではなく、ラボの現場を離れられてからも、谷川雁研究会、鈴木孝夫研究会を起こし、名著『谷川雁─永久工作者の言霊』を出版されている。ラボに村田さんを招聘したのは彼であった。

さらに、元言語総研事務局長の矢部顕さん。言語総研では例会後の食事会、その後の二人だけの喫茶店でのおしゃべりは貴重で濃密な「自由討論」の時間だった。退職後も、岡山の地から、ラボ支部での彼の講演など、様々な資料を今も送っていただいている。ラボ活動に絶大な影響を与えた竹内敏晴や鶴見俊輔は彼の手引きである。

今回はお二人から本書の推薦文までいただいた。心温まるお言葉に感謝の他はない。

第2章の新・実践的演劇教育論は、脚本研究会「森の会」、劇あそびと劇の会「P&P」のメンバーに、私の提出する拙い「話題」に対し様々なコメントをいただいたことなどを参考にして書き直されたものも多い。話の場を提供していただいていることは幸せなことである。

最後に、連れ合いの福田緑について。本書とほぼ同時に福田緑著『新・祈りの彫刻　リーメンシュナイダーと同時代の作家たち』（リーメンシュナイダー三部作完結、丸善プラネット）が出版されることになるが、本書でも校正を手伝ってもらっている。新卒教師時代からライバル関係であり、共同関係でもある妻に深く感謝したい。

二〇一八年五月

福田三津夫

■関連資料（「演劇と教育」掲載）

□全七回、公開授業シリーズ

・「朗読の授業」一九九二年十二月号、「詩『のはらうた』を読む」授業者・松丸春生
・「遊ぼう！生活科」一九九三年四月号、「劇あそび『かにむかし』」授業者・平井まどか
・「群読の授業」一九九四年三月号、『夕鶴』を群読する」授業者・葛岡雄治、福田三津夫
・「授業―学ぶ心の扉を開く」一九九四年六月号、「初めての古文『竹取物語』を読む」授業者・副島功
・「群読の授業Ⅱ」一九九七年三月号、『おくの細道』「平泉」をみんなで読む」授業者・大沢清
・「お話で劇あそび」二〇〇七年一＋二月号、『おおかみと七匹の子やぎ』であそぶ」授業者・小林尚子
・「教師のからだとことば」二〇〇八年六月号、「国語の授業、心の通い合いを読もう『おにたのぼうし』」授業者・田部井泰

□全六号「～を遊ぶ」シリーズ（執筆者）

・「谷川俊太郎を遊ぶ」二〇〇八年七月号、福田三津夫、内部恵子、加藤みはる、山地千晶
・「工藤直子を遊ぶ」二〇〇九年七月号、工藤直子、霜村三二、神尾タマ子、高丸もと子
・「まどみちおを遊ぶ」二〇一〇年七月号、伊藤英治、廣本康恵、泉宣宏、福田三津夫、霜村三二
・「阪田寛夫を遊ぶ」二〇一一年七月号、霜村三二、刀禰佳夫、福田三津夫、山地千晶
・「佐野洋子を遊ぶ」二〇一二年七月号、福田三津夫、平井まどか、新井早苗、梶本暁代、上保節子、小森美巳
・「あまんきみこを遊ぶ」二〇一三年七月号、あまんきみこ、佐熊郁代子、篠原久美子、宮﨑充治

■初出一覧

第1章 地域における演劇教育

□ラボ・ワークショップ全国行脚（「啓」九七号、二〇一六年）
□テーマ活動づくりとパーティづくり―ラボ・パーティ参観記（ラボ言語教育総合研究所所報二号、二〇一六年）
□テーマ活動は地域における演劇教育（「啓」九七号、二〇一六年）
□テーマ活動の表現を考えるための本

第2章 新・実践的演劇教育論

【演劇教育の原点を探るⅠ】
□高山図南雄の「あらためてスタニスラフスキー」（「啓」九三号、二〇一三年）
□竹内敏晴『主体としての「からだ」』（「演劇と教育」二〇一三年十二月号）
□鳥山敏子の教育実践（原題「鳥山敏子さん逝く」「森の劇場」四号、二〇一五年）
□副島功の仕事（「げき」一四号、二〇一五年）
□辰嶋幸夫のドラマ…書き下ろし
□渡辺茂の劇づくり「ＬＯＶＥ」（『児童文学アニュアル１９８３』所収、偕成社、一九八三年）
【演劇教育の原点を探るⅡ】

□寒川道夫の光と影（「啓」九三号、二〇一三年）
□マリオ・ローディと演劇教育（原題「『私たちの小さな世界の問題』の衝撃」『田辺敬子の仕事　教育の主役は子どもたち』所収、社会評論社、二〇一四年）

【演劇教育としての授業】
□大学の授業と演劇教育（「演劇と教育」二〇一四年七月号）

■著者紹介

福田三津夫　ふくだ・みつお

1949年生まれ。1972年から33年間、東京都公立小学校教師。1991年から20年間、雑誌「演劇と教育」（日本演劇教育連盟編集、晩成書房発行）編集代表。日本演劇教育連盟副委員長、埼玉大学非常勤講師（特別活動論・生活科指導法）を歴任。現在、白梅学園大学非常勤講師（教育実習指導）。「ことばと心の受け渡し」（「演劇と教育」2005年4月号）で第46回演劇教育賞受賞。ラボ言語教育総合研究所研究員。妻とミニコミ誌「啓」発行。脚本研究会「森の会」、劇あそびと劇の会「Ｐ＆Ｐ」、清瀬・憲法九条を守る会、清瀬・くらしと平和の会所属。

著書：『男の家庭科先生』（冬樹社、福田緑との共著）、『ヨーロッパ２人旅22日間』（私家版、福田緑との共著）、『いちねんせい－ドラマの教室』（晩成書房）、『ぎゃんぐえいじ－ドラマの教室』（晩成書房）、『実践的演劇教育論－ことばと心の受け渡し』（晩成書房）。『劇あそび・学級に活かす表現活動』（平井まどか・福田三津夫共著、日本演劇教育連盟ブックレット）

http://blog.goo.ne.jp/engekikyoikuron/arcv

（実践的演劇教育－ことばと心の受け渡し）

地域演劇教育論
―ラボ教育センターのテーマ活動―

二〇一八年八月一日　第一刷印刷
二〇一八年八月一〇日　第一刷発行

著者　福田三津夫

発行者　水野久
発行所　株式会社晩成書房
●101-0064 東京都千代田区神田猿楽町二―一―一六
●電話　〇三―三二九三―八三四八
●FAX　〇三―三二九三―八三四九
印刷・製本　株式会社ミツワ

乱丁・落丁はお取り替えします
ISBN978-4-89380-483-9 C0037
Printed in Japan

いちねんせい――ドラマの教室

福田三津夫 著

定価１８００円＋税 ISBN978-4-89380-317-7

授業に、発表会に、子どもたちのいきいきとした表現が溢れる一年生の教室。公立小学校の実践記録。

●教育はこころとことばの受け渡しによってしか成立しない。子どもと子ども、子どもと教師、教師と教師、教師と親などの無数のコミュニケーションの交流によって初めて可能になるのが教育という営みなのだ。そのことを私は演劇から学んだ。演劇教育こそが全ての教育の基礎にならなければならない。（著者まえがき より）

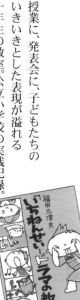

晩成書房●演劇と教育の本

ぎゃんぐえいじ―ドラマの教室

福田三津夫 著

定価２０００円＋税　ISBN978-4-89380-382-5

エネルギッシュで、
おもしろい中・高学年の子どもたち。
元気な活動がいっぱいの小学校実践記録。

● 〈ことばと心の受け渡し〉こそ教育の基本。エネルギッシュで、おもしろいことをしでかす中高学年の子どもたちとの授業や表現活動の記録。活力ある表現にあふれた日々の授業や学校生活の中で、一人ひとりの子どもたちも学級も育っていく。

子どもっておもしろい

福田 緑 著

定価 2000円＋税 ISBN978-4-89380-323-8

イラスト＝かとう ゆみこ

「ことばの教室」に通う子どもたちとの
心暖まる交流をスケッチ。
人間の成長とは何かを語りかける。

●緑さんと子どもたちのエピソードを読みながら思わず笑い、時に涙を流した。私は幼い頃聴覚障害児だった。ツンボツンボと嘲られ無視されもした。あの頃にこういう教室があり、こういう先生に逢えていたら、と思わざるを得なかったのだ。……これは一人の教師の実践の記録というよりは、一人の「人」が人間となってゆく覚醒と努力の道程の表現である。（竹内敏晴 まえがき より）

実践的演劇教育論—ことばと心の受け渡し

福田三津夫 著

定価 2000円+税 ISBN978-4-89380-438-9

実践から生まれた
実践のための演劇教育論。

●公立小学校、大学での自らの実践と、日本演劇教育連盟『演劇と教育』誌の編集などを通して編み上げられた、実践のための演劇教育論。

演劇教育の本質を、遊びの感覚と「ことばと心の受け渡し」ととらえる著者が、教育現場の教師、教職を目指す学生に向けて贈る一冊。

第1章 演劇教育の理論

●演劇教育の原点
冨田博之の演劇教育論／劇あそび研究—小池タミ子の劇あそび論を中心に／竹内敏晴から学んだこと—語るということ／考える現場人、村田栄一

●鼎談・ドラマのある授業（渡辺貴裕・佐々木博・福田）

●特別活動と演劇教

第2章 学校・地域での演劇教育の実践

谷川俊太郎を遊ぶ／詩を遊ぶ・物語を遊ぶ／まど・みちおを遊ぶ／阪田寛夫を遊ぶ／佐野洋子を遊ぶ／大学の授業と演劇教育／生活科でできること／演劇教育の広がり

日本の演劇教育——学校劇からドラマの教育まで

佐々木 博 著

定価 3000円＋税 ISBN978-4-89380-481-5

演劇教育のあゆみをたどり、
現在のありようと可能性を探る——

●音楽や美術のように教科にならなかった演劇。しかし、演劇の教育的効果ははやくから着目され、さまざまな形で演劇は教育の中に取り入れられてきた。教師を中心とした民間の教育運動としての歴史も八十年に及ぶ。近年は学びの方法として、またコミュニケーション感覚の問題としても関心が高まる演劇教育の歴史をたどり、現在のありようと可能性を示す貴重な一冊。